皇帝プーチン
最後の野望

中津孝司［著］

創 成 社

はじめに

　還暦を迎えた。研究教育生活は 30 年を超えた。一里塚としての痕跡を残したかった。その証が本書『皇帝プーチン　最後の野望』である。研究生活に定年はない。これまでと変わりなく，研究教育活動を継続していく所存である。本書はロシア社会の内部にスポットを照射したのではなく，ロシアから見た，あるいはロシアを取り巻く国際関係を分析する読み物である。できる限り，広い視野で現代の世界情勢を見つめている。

　眼前に広がるホット・イシューは米中激突である。ワシントンと中国共産党との闘いは北京がホワイトハウス（米大統領府）に屈服するまで続く。純粋な意味の米中協調はあり得ない。真の民主主義，自由，人権という価値観は人類が希求する普遍である。日米欧社会にはその手本を全世界に示す責務がある。

　ホワイトハウスの主人がバイデン大統領にとって代わって，ようやく落ち着きを回復できるようになった。バイデン政権誕生後，日米首脳会談（ホワイトハウス），主要 7 カ国首脳会議（G7 サミット，英コーンウォール），北大西洋条約機構（NATO）首脳会談（ベルギー・ブリュッセル）が途切れなく続き，国際社会に対中国抑止の重要性は効率的に発信されてきた。中国牽制の必要性は 20 カ国・地域首脳会議（G20 サミット，イタリア・ローマ），アジア太平洋経済協力会議（APEC）首脳会議（ニュージーランド）の場でも訴えていかねばならない。

　米露首脳会談はスイスのジュネーブで開催され，核軍縮など軍備管理を 2 国間で協議する「戦略的安定対話」を新たに開始することが決定されている。ワシントンはこれを踏み台に，中国を巻き込む多国間協議へと昇華させたい。日米欧社会にとって，ロシアも北朝鮮，中国と並ぶ仮想敵国である。

　クレムリン（ロシア大統領府）の主・プーチン大統領は呼吸するように嘘を連発する。その言葉に真実や本音はない。米国は経済力・技術力・軍事力でロ

シアを凌駕する。軍拡競争に持ち込めば，ロシアが一方的に消耗する。ただ，緻密な対中国戦略を練り上げるまでの時間稼ぎのため，ロシアとの対立のハードルを引き下げておく必要はある。クレムリンがソチ冬季五輪の直後にウクライナ・クリミア半島を併合したことに倣って，北京五輪後を見据える中国は台湾侵攻を目論むのか。脅威は間近に迫っている。

　イランでは反米保守強硬派のイブラヒム・ライシ師の大統領就任が決まった。最高指導者ハメネイ師の有力後継者である。米制裁対象の人物でもある。今後，米国による制裁を解除するよう強く主張することだろう。イスラエルの新政権がイランの核関連施設を先制攻撃するのか。イラン・イスラエル戦争に発展するのか。同盟国の米国はイスラエル防衛のため，出撃するのか。中東の不透明感は増すばかりである。

　米国が世界首位の産油国に躍り出たことを背景に，米国はもはや中東産原油を必要としない。中東防衛の大義を失った米国はすでに米軍の撤収に着手している。この空白を NATO が埋めるのか。モスクワと北京は虎視眈々と中東世界での勢力伸張を狙う。

　国際金融市場に眼を転じると，ロシアやメキシコなど新興国が利上げで先行していることがわかる。米国社会でも景気回復に伴う，物価の上昇が顕在化していることから，米連邦準備理事会（FRB）は国債などを買い入れる量的緩和の縮小（テーパリング）や利上げに，早期に踏み切る公算が大きくなってきた。

　原材料や働き手の「供給制約」を原因とする物価上昇は尋常でない。ゴルディロックス（低成長と低金利が併存）相場の終焉である。投資家はぬるま湯に安住できなくなった。暗号資産（仮想通貨）や株式を代表とするリスク資産からはマネーが引き揚げられ，またもやバブル崩壊に世界が震撼することになるのか。急速に暗雲が垂れ込めてきた。

　視界不良の混沌とする社会が出現することになるのか。海図なき出航を未然に防ぐには，リスク管理に備えるしかない。そして，危機突破の処方箋を描き，実践していく不断なる努力が求められる。息を抜く暇などない。前進するのみである。

　今回の出版でも創成社に大変お世話になった。振り返ると，創成社とのお付き合いは長い。恩師の記念出版を依頼するために，東京都豊島区池袋にある旧社屋を訪問し，先代社長にお会いした。初対面であったにもかかわらず，共著出版を快く承諾してくださった。以後，現社長も含めて，実に数多くの出版をお引き受けくださった。この場をお借りして，あらためて塚田尚寛社長に御礼申し上げたい。また，編集部スタッフの西田徹氏には，いつも心温まる編集作業でお世話になっている。感謝申し上げる。

令和3年　長月

大阪日本橋　寓居にて

中津孝司

目　　次

第Ⅳ章　ロシア統治機構改革と経済 ———————————— 101

　　1．統治機構改革の狙い ··· 102

　　2．統治機構改革の序章 ··· 108

　　3．経済再建は奏功するか ··· 112

第Ⅴ章　石油輸出国機構（OPEC）とロシア ——————————— 123

　　1．サウジアラビア VS ロシア ··· 124

　　2．ロシア，サウジアラビアそれぞれのお家の事情 ··············· 125

　　3．正面衝突の結末 ··· 135

第Ⅵ章　ロシアのエネルギー産業 ———————————————— 155

　　1．ロスネフチ ·· 156

　　2．ガスプロム ·· 158

　　3．資源戦略の新展開 ·· 165

最 終 章　大胆予測―21世紀の国際関係を読み解く― —————— 169

　　1．米国社会のゆくえ ·· 170

　　2．眼前に広がる経済課題 ··· 173

　　3．国境炭素税と資源大国の命運 ·· 175

　　4．日本のエネルギー政策 ··· 178

　　5．自由世界による中国包囲網は奏功するか ···························· 181

　　6．米軍完全撤退の副反応：アフガニスタン ···························· 188

　　7．緊迫続く中東世界 ·· 189

　　8．プーチン皇帝の世界戦略 ·· 192

索　　引　194

第 I 章

プーチン大統領の「誤算」

1．パンデミック（世界的大流行）とロシア

新型コロナウイルス大国ロシア

　感染爆発の後発組であったロシアであるが，新型コロナウイルスの感染者数は瞬く間に急増していった。2020 年 6 月中旬には大台の 50 万人を突破，その後同 9 月初旬に 100 万人，同 10 月下旬には 150 万人，同 11 月中旬には 200 万人，同 12 月下旬には 300 万人，そして 2021 年 6 月には 500 万人，同年 8 月には 600 万人を超え，米国，インド，ブラジル，フランスに次ぐ世界第 5 位のコロナ大国に躍り出た。

　文字通りのオーバーシュート。感染者の 5 割が首都モスクワに，死者もモスクワと西部の古都サンクトペテルブルクに集中する。しかもロシア政府に公表される死者数は実際よりも少ないという[1]。

　医療現場は崩壊の危機に直面，ロシア政府中枢部にも感染者は拡散していった。病院や軍でクラスター（感染者集団）が発生，特に，病院に感染源が集中した。人工呼吸器の出火が原因と見られる火災も発生，医療体制は根底から崩れた。世界保健機関（WHO）によると，ロシアの国内総生産（GDP）に占める公的医療関連支出は 3 ％程度（2017 年実績）と，世界平均の 6 ％を大幅に下回っている[2]。

　当初，新型コロナウイルスの感染状況は完全にコントロールできていると胸を張ったプーチン大統領だったが，連日，新規感染者数が積み上がっていくのを目の当たりにして，焦りを募らせていった。地方の首長を叱責，叱り飛ばす場面さえあった。

感染爆発を軽視するプーチン大統領

　悲惨な状況であったにもかかわらず，外出制限を継続する一方で，モスクワでは早期に建設業や製造業で事業は再開[3]。マンション建設や自動車関連の工場などが対象で，その関連従業員数は 50 万人を超えた。そして，2020 年 6 月

9日にモスクワの外出制限は解除され，拙速に市民生活の正常化を急いだ[4]。

　企業活動の制限措置緩和は地方の企業城下町にも広がった。感染拡大は第2波，第3波と襲来し，収拾できない修羅場と化した。2020年4月末にはモスクワ以外の地域で雇用者の78％が職場を離れている。

　その一方で，ロシアは新型コロナウイルスのワクチン開発を急いだ。ワクチンの安全性や有効性を度外視して，スピードを優先，2020年10月から予防接種を開始する方針が示された。「スプートニクⅤ」と名づけられたワクチン開発には政府系の「ロシア直接投資基金」が投資している。ただ，ワクチンの有効性は高いものの，合併症を引き起こす可能性があるという[5]。

　新型コロナウイルスの感染拡大が続くなか，延期となってきた対ドイツ戦勝75年を祝う軍事パレードが2020年6月24日に挙行された[6]。同年6月14日には祖国防衛をたたえる「ロシア軍大聖堂」の完成式典が開催されている。

　この軍事パレードでは最新鋭戦車，極超音速ミサイル搭載戦闘機などが披露され，中国，インドなどの外国部隊もパレードに参加した。ただ，外国首脳の列席は実現できていない。プーチン大統領はモスクワ・赤の広場で演説し，ロシアが侵略者から欧州諸国を解放したと主張，国際協調が必要だと述べた。保守層の愛国心を鼓舞し，国威を発揚する狙いが込められている[7]。

憲法改正の狙い

　延期されていた憲法改正法案の賛否を国民に問う全国投票も2020年7月1日に投開票された。その結果，賛成票が78％を占めた。投票率は65％だった。改憲が成立し，同年7月4日に発効した。

　この全国投票という「儀式」を通じて，プーチン大統領が国民から「信任」を得たことにもなる[8]。反体制派は投票棄権を呼びかけた。モスクワやサンクトペテルブルクなど都市部では賛成票が過半数に満たなかったという[9]。

　戦勝パレードで国民の愛国心を鼓舞しておいて，投票へとつなげたかったプーチン大統領の魂胆が透けて見える。ロシア当局は反政府活動を徹底的に取り締まる一方，警察の権限強化を可能にする警察法の改正に踏み切る[10]。

　プーチン大統領は次期大統領選に自ら出馬する可能性も示唆する[11]。ありとあらゆる選択肢を模索しつつ，プーチン大統領の後継者選びを封印して，政権の安定を優先させる構えだ。

　憲法改正の主な内容は次のとおりである[12]。

・大統領
　任期は通算2期まで（従来は連続2期）。改憲時点の現職と大統領経験者の通算任期数は適用外とする。大統領経験者に不逮捕特権を付与する。大統領，閣僚らの外国籍，外国の居住権や銀行口座の保有を禁止する。

・機構改革
　国家評議会は内政と外交の基本方針や社会経済発展の優先分野を決める。

・対外関係
　国境画定を除き，領土割譲に向けた行為や呼びかけを許さない。ロシアが結ぶ国際条約に基づく国際機関の決定がロシア憲法に反する場合は履行しない。外国に居住する同胞の権利と利益の保護に向けて支援する。

・生活保障
　最低生活費以上の賃金を保障する。年金支給額を年1回以上見直す（年金の物価スライド）。

・その他
　理想と神への信仰を伝えた祖先の記憶を保持し，歴史的に形成された国家の統一を認める。祖国防衛の偉業を損なう行為を許さない。結婚は男女の結びつきとする（同性婚を否定）。

　条項を一読するだけで一目瞭然だが，改憲内容は「ロシア・ファースト」，「強いロシア」を前面に打ち出し，きわめて保守的であることがわかる。プーチン政権を支える保守層，貧困層や高齢者を意識した生活保障に訴える策術もうかがえる。

　中央集権を一段と強化して，強権体制を構築しようとする目論見が明白となった。歪曲された「法の支配」が現実化している。「民主的なロシア」の誕生は地平線の彼方へと葬り去られてしまった。

ロシアの立ち位置

　今後は「ロシア独自の道」を突進し，反米姿勢を強め，強権色の濃厚な中国との協調姿勢が鮮明化されていくことが読み取れる。と言うよりもむしろ，中国の習近平体制を後追いしている。ロシアの「中国化」が確実に進む。

　実際，プーチン大統領は香港のいわゆる「一国二制度」を形骸化するための「香港国家安全維持法」を支持する方針を表明。米国による「内政干渉」に断固として対抗，強硬な外交姿勢を堅持する構えを示す[13]。

　急接近するロシアと中国は所詮，「同じ穴の狢」に過ぎない。ロシアは中露両国による世界新秩序の構築を目指すことになるのだろうか。それともロシアを中心とする国際秩序の形成に奔走するのだろうか。それとも世界新秩序には関心を示さない方針を貫徹するのだろうか。

　ただ，ロシアも中国も本音では互いに警戒している。北京は弱体化したロシアを丸呑みすることを狙う。その一方で，モスクワはユーラシア大陸や周辺海域における北京の勢力伸張を極度に嫌う。まさに同床異夢。中露協調は上辺だけの見せかけに過ぎない。

北方領土のゆくえ

　北方領土の返還はより絶望的となった。事実，国後島ではレーニン像が建つ広場に，住民によって「領土割譲禁止」という改正憲法の条文が刻み込まれた，プレートの付いた記念碑が設置された[14]。領土割譲禁止の条項をめぐっ

6——◎

ては，最高で禁固 10 年といった罰則を含む関連法も整備されている[15]。すでに領土の返還は不可能である。日本政府は早急に対ロシア外交の方針を転換すべきである。今もってロシアが日本の仮想敵国であることはいささかの変化もない。

全国投票の 2 カ月後の 9 月 13 日には統一地方選挙が実施された。その結果は支持率が低迷しているにもかかわらず，政権与党の「統一ロシア」が優勢となり，党首のメドベージェフ前首相は勝利宣言した[16]。2021 年 9 月には下院選挙が実施され，2024 年に大統領選挙が行われる。ロシアでは重要な政治日程が相次ぎ，「政治の季節」を迎える。

新型コロナウイルス禍と経済指標

クレムリン（ロシア大統領府）は新型コロナウイルスの感染拡大よりも経済への打撃を警戒する。

ロシア連邦国家統計局は 2020 年 4 〜 6 月期の実質 GDP 成長率が対前年同期比マイナス 8.5 ％，同年 7 〜 9 月期では同じくマイナス 3.6 ％になったと発表した（同年 1 〜 3 月期は 1.6 ％増）。産業別では小売売上高が 16.6 ％減，鉱工業部門が 8.5 ％減となった[17]。

また，ロシア連邦国家統計局は 2020 年の実質 GDP 成長率が速報値で対前年比マイナス 3.1 ％に沈んだと報告している（鉱業部門は対前年比でマイナス 10.2 ％，運輸・倉庫業部門マイナス 10.3 ％，小売り・卸売り部門マイナス 2.9 ％，ホテル・外食部門マイナス 24.1 ％）。2020 年 5 月中旬の失業者は 140 万人にのぼり，わずか 1 カ月で倍増した。

国際通貨基金（IMF）は 2020 年の実質 GDP 成長率をマイナス 6.6 ％と見通していた[18]。一部にはマイナス 8 ％に達するという見方もあった[19]。ところが，ロシア連邦国家統計局は 2020 年の実質 GDP 伸び率は対前年比でマイナス 3.1 ％と発表，さまざまな見通しよりも実際は好調だったと胸を張る[20]。ただ，ロシア中央銀行総裁は経済の回復に 1 年半以上の期間が必要だとの見解を披露している。

　ロシア政府が600億ドルの新たな債務を抱えた結果，財政赤字は2020年に対GDP比で4.4％に達する見通しとなっていた[21]。プーチン大統領は2020年3月のロックダウン（都市封鎖）以降，失業者数は倍増したと警告。新型コロナウイルスの感染拡大が続くなか，経済再開に舵を切った[22]。

悲惨な経済状況

　ミシュスチン首相が本格的な経済再建に乗り出そうとしていた矢先の「コロナ騒動」が原因で，ミシュスチン首相自身も新型コロナウイルスに感染，出鼻をくじかれた格好となっていた。

　世界の主要国が大規模な財政出動と金融緩和に踏み切るなか，ロシア中央銀行も政策金利を年4.25％まで引き下げ，経済収縮に備えた。この金利水準は新生ロシア誕生以来，最低である[23]。追加利下げも示唆したが[24]，いわゆる量的緩和といった大規模金融緩和については検討されていない模様である。

　ところが，米ドル高の余波を受けて，通貨ルーブルが売られ，輸入インフレが顕在化。インフレ率は2021年6月時点で6.5％増を記録している。その結果，ロシア中央銀行は通貨防衛と物価抑制を目的とする利上げに追い込まれた。主要政策金利は2021年6月26日，年6.5％に引き上げられた[25]。

　プーチン大統領が経済活動の再開に舵を切る理由は，国民の生活水準が極度に低下し，焦りを強めているからに他ならない。ルーブルの価値は地に落ち，国民生活は困窮を極める。ロシア市民の不満は頂点に達している[26]。通貨安が原因で小麦粉，マカロニといった食品価格が高騰，これを抑制することを目的として，小麦に輸出関税が導入された[27]。

　2020年4～6月期の実質可処分所得は対前年同期比で8％減を記録[28]，2020年の実質所得は3.4％減少した[29]。消費者は支出を抑制，2020年には対2013年比で11％の消費支出減となっている。家計消費は2020年に8.6％も落ち込んでいる。失業率も6.1％（2020年11月）と悪化し続けている[30]。失業者数は461万人に達する。家計所得は確実に収縮しているのである。

　貧困ライン（月165ドル）以下での生活を余儀なくされるロシア市民は1,960

万人に達するという。これはロシア総人口の 13.3％に相当する[31]。世界銀行（WB）はロシアの 2020 年の経済成長率をマイナス 6 ％と見通していた[32]。

進むプーチン離れ

　勢い，プーチン大統領の支持率は低迷する。世論調査によると，2020 年 5 月の支持率は 59％と，2000 年以来，最低水準に甘んじていた[33]。2020 年 6 月 1 日に発表された調査結果では，国民の 28％が生活水準に不満を抱いているという[34]。

　2021 年 2 月に実施された世論調査では，信頼できる政治家としてプーチン大統領だと回答した割合は 29％と 2020 年 10 月の 34％から下落している。また，与党・統一ロシアの支持率は 31％と低迷をきわめる。有権者がプーチン政権に不満を募らせている証左である[35]。

　一方で，低金利，減税を追い風に，ロシアの個人投資家はリスクを省みることなく，小売り企業の銘柄を中心に株式投資に熱を入れている模様である[36]。モスクワ証券取引所経由で取引する個人投資家が 1,000 万人を突破，2020 年は過去最多の 500 万人が証券口座を開設したという。

　当局の強引な手法に反発する抗議も巻き起こる。極東ハバロフスク地方では野党系のセルゲイ・フルガル知事が実業家の殺害に関わったとして拘束，逮捕された。ハバロフスク市民はこれに猛反発，異例の大規模反政権デモ・抗議は長期化した。強引な中央集権に反発する「地方の乱」が顕在化した格好である[37]。

　モスクワではロシア連邦保安局（FSB）が軍事機密を欧州に漏洩した疑いでジャーナリストを拘束，国家反逆容疑で逮捕している。一連の逮捕に一般市民，特にソ連邦時代を知らない若い世代が抗議する集会やデモが相次いだ。ソ連邦時代を知らない層は今後，確実に厚くなっていく。

おぞましいナワリヌイ氏「暗殺」未遂事件

　反体制派の象徴的指導者であるアレクセイ・ナワリヌイ氏はソ連邦時代に開発された猛毒ノビチョク（軍用神経剤）を盛られ，意識不明の重体となり，ド

イツのベルリンに緊急搬送された[38]。幸いにも容態は回復し，ナワリヌイ氏はロシアに帰国することを希望していた[39]。

そして，ナワリヌイ氏は一世一代の危険な賭けに出る。2021年1月17日，療養先のドイツから空路でロシア帰国を強行。モスクワのシェレメチェボ国際空港に到着したものの，案の定，その直後に治安当局によって拘束，逮捕された。

身柄を拘束，拘留された挙句，モスクワ市裁判所は3年半の実刑判決を下した。その後，ナワリヌイ氏はモスクワ市内の拘置所から矯正収容所に移送，収監された。この収容所はモスクワから100キロメートル東方のウラジーミル州ポクロフにある。収監期間は2年6カ月が予定されている[40]。ナワリヌイ氏は収容所内での虐待を訴え，ハンガーストライキに打って出た。その後，体調不良を訴え，面会した弁護士は重病だと語っている[41]。

今回の実刑判決の根拠は詐欺容疑だが，横領や名誉毀損などの容疑も加わり，ナワリヌイ氏の服役期間は10年になる可能性もある。ロシアでは市民が無法状態だと嘆くように，三権分立が曖昧で，プーチン政権の意向が司法に色濃く反映される。プーチン大統領が司法を掌握し，裁判所は抑圧の機構と化している。

反体制派側も負けてはいない。極東ウラジオストクからヤクーツク，そしてモスクワ，サンクトペテルブルクに至るロシア各地で，当局が違法とする抗議集会が開かれた。反政権デモではナワリヌイ氏の釈放だけでなく，プーチン大統領の辞任も要求している。ロシア政権関係者に制裁を科すよう求める書簡をバイデン米大統領に送ったという。

ナワリヌイ氏の釈放を求める抗議活動を端緒として，一般庶民が貧困に伴う生活苦を声高に叫ぶことに繋がり，この怒りが政権批判を誘発していることは間違いがない。2020年夏以降に発生したベラルーシの市民動乱を彷彿させる。警察など治安当局は実力行使をもって抗議デモに対抗，弾圧を強化した。

反体制派側は「プーチン宮殿　最大の汚職の物語」と題する暴露記事と動画をインターネットサイト・ユーチューブなどに公表。ロシア南部の黒海を望む

保養地に 1,000 億ルーブル（1,400 億円）が投じられ，敷地面積 7,000 ヘクタール，延べ床面積 1 万 7,000 平方メートルを超す大邸宅がプーチン大統領のために建設されていたとする内幕を暴露している。

　当局による逮捕を予期していたかのような周到な準備である。この動画の視聴回数は 1 億回を突破した。もちろん，プーチン大統領はこの「宮殿」の所有を完全否定したが，あえて否定したことで疑惑がさらに高まる悪循環を招いている。

　ノビチョクは FSB の化学兵器専門チームなど国家機関が関与しない限り，容易に持ち出せない。つまり国家犯罪である。プーチン大統領の政敵と見なされるナワリヌイ氏は常時，治安当局に監視され，暗殺の標的となってきた。プーチン大統領は米国がナワリヌイ氏を支援していると断じ，米国による手先，刺客だと考えている節がある。

　プーチン大統領にとって，ナワリヌイ氏の暗殺失敗は「誤算」だったに違いない。とは言え，ナワリヌイ氏はプーチン政権に対抗できる力量を欠く。ただ，一般市民を覚醒させるには充分の衝撃であることは事実である。若年層には一定の破壊力が備わっている。

経済制裁の嵐

　日本政府は無関心だが，欧州連合（EU）は対ロシア追加制裁を発動している。他方，外国勢力による介入，干渉を排除，資金，情報を遮断するなど，ロシアの治安当局は取り締まりを強化，内政の締め付けを図る。欧米諸国は FSB が毒殺未遂に関与するといった事態の重大性に鑑み，歩調を合わせて，FSB 長官や検事総長などロシア政府の要人に制裁を科す方針を打ち出した[42]。EU 諸国とロシアとの対立は外交官の相互追放に発展している。

　EU のボレル外交安全保障上級代表が 2021 年 2 月 5 日，モスクワを訪問，ロシアのラブロフ外相と会談し，一連の事態の懸念を表明していた。それにもかかわらず，ロシア当局はナワリヌイ氏の釈放を求める抗議デモに参加したとして，ドイツ，ポーランド，スウェーデンの外交官追放を決定。その直後，こ

の３カ国がロシアの外交官を１人ずつ追放するという報復措置を講じた[43]。

　ラブロフ外相は欧州を信頼できないパートナーと決め付けた。EU とロシアの緊張は極度に高まり，修復不可能な沸点に達している。

　バルカン半島のセルビアや中欧のハンガリーなどが親中国，親ロシアに傾く一方で[44]，スウェーデンは北大西洋条約機構（NATO）加盟を標榜する。また，デンマークはグリーンランドなど北極圏の防衛を念頭に，国防予算を積み上げる。スウェーデンもデンマークもロシアの脅威を意識し，外交方針を転換する。

プーチン離れの帰結

　プーチン大統領はコロナ・ショックが 2008 〜 09 年期のリーマン・ショック（金融危機）よりも深刻だと認めつつも，大胆な財政出動には消極的である[45]。ことに，ロシア GDP の５分の１を創出する零細企業，中小企業が冷遇されている。ちなみにリーマン・ショック直後の 2009 年におけるロシアの経済成長率はマイナス 7.8％だった[46]。

　ある調査によると，ロシア企業の３分の１が倒産の危機に瀕しているという。ロシア当局は否定，反発するけれども，ロシア政府による経済刺激策は GDP の３％程度に過ぎず，主要各国よりも財政出動規模ははるかに小さい[47]。既述のとおり，2020 年４〜６月期の実質 GDP 成長率は対前年同期比で 8.5％減という大幅なマイナス成長を記録している[48]。

　ロシア経済が低迷をきわめることを受けて，通貨ルーブルやロシア国債が下落するなど，金融市場におけるロシアの信頼，信用は地に落ちている。ベラルーシ情勢が極度に悪化していること，アルメニアとアゼルバイジャンとが軍事衝突したこともロシアの金融市場を揺さぶる。地政学的リスクはロシアの金融市場に悪影響を及ぼしている。

不透明な復興計画のゆくえ

　ロシア政府が打ち出した 2021 年までの経済復興計画には，５兆ルーブル（8

兆円）を投じる事業支援が盛り込まれている。復興計画の事業規模はロシア
GDPの4.5％に相当する。その結果，財政赤字は2020年5月に予測された対
GDP比5〜6％から膨張する恐れがあるという。

経済復興計画の骨子は次のとおりである[49]。
・2021年末までに新型コロナウイルス感染拡大以前の水準を上回る，年率
　で2.5％の経済成長率を達成すること。
・約500の具体的な措置に5兆ルーブルを投じること。
・2020年9月末までに所得の低下に歯止めをかけること。
・2021年6月末までに失業者数を削減，所得を2019年と同じ水準に回復さ
　せること。
・2021年末までに貧困層を削減，持続可能な経済成長へと導くこと。
・実質所得を少なくとも対前年比で2.5％増加すること。
・失業率を5％以下に抑制すること（2020年11月の失業率は6.1％）。

ロシア政府は中小企業に対する減税に加えて，航空産業など打撃が大きい産
業を融資で下支えする。高速道路の建設や鉄道の近代化といった公共事業に
よってインフラ投資も促進する。
　そのうえで，復興計画は次の3段階で進められる。

・危機対応（2020年9月まで）
・経済回復（2021年6月まで）
・成長軌道への回帰（2021年末まで）

コロナ・ショックと逆オイルショック（原油安）とが重なり，ロシア経済は
崖淵に立たされている。しかし，すでに財政収支は赤字転落しているものの，
ロシア政府は財政赤字が膨張することを恐れて，先進諸国のような大胆な財政
出動を躊躇している。ロシア中央銀行も連続利下げに踏み切っていたが，いわ

ゆる大規模量的緩和にまで踏み込めていない。

　こうした対応では深刻な「ダブル・ショック」を乗り切ることはできない。歳入の大幅減収で，プーチン政権は増税を断行するか（資源エネルギー関連企業への増税策はすでに打ち出している），軍事費を圧縮するか（5％の削減策が講じられる）など，国家経済計画を根本的に見直さざるを得ない。プーチン大統領はすでに，達成目標期限を 2030 年までに先送りしている[50]。

監視社会への道

　プーチン政権はコロナを口実に，監視システムの導入を加速させている[51]。ロシアはすでに 2019 年，次世代通信規格「5G」の通信設備に中国の通信規格の採用を決定。ロシアの通信インフラは中国製で固められている[52]。中国の監視モデルや技術の導入を積極的に進める。ロシア当局はロシア独立系の人気ニュースサイト・メドゥーザを外国のエージェント（手先）と指定，ジャーナリストへの圧力を強めている[53]。

　中国配車アプリ大手の滴滴出行（ディディ）はロシア西部タタールスタン共和国の首都カザンで配車サービスを開始している。カザンは IT（情報技術）産業が盛んな都市として知られる[54]。ロシアと中国の両国は軍事技術と監視技術を相互に補完し合う関係を築こうとしている。

　他方，ロシアの配車サービス大手のインドライバーはベトナム市場に参入している。ただ，ベトナムの配車市場ではシンガポールのグラブが 73％のシェアを占有する[55]。

　クレムリンは明らかに中国傾斜を強め，経済再建よりも政治的安全を優先している。だが，都市部の有権者や若年層はプーチン政権から離反する。国営メディアのプロパガンダに踊らされることがなく，ネット番組を視聴しているからである[56]。

２．原油価格急落の衝撃

資源大国ロシアの末路

　産油国による原油の協調減産が一定程度，進展しているにもかかわらず，国際原油価格は低空飛行を続けた。サウジアラビアが仕かけた「原油価格戦争」は空中分解した一方，世界原油需要の長期低迷が国際価格の回復を遅らせていた。2020年5月7日，プーチン政権誕生から20年を迎えたが，原油価格は一時，20年前の水準に戻ってしまった。

　石油輸出国機構（OPEC）の盟主サウジアラビアは原油の増産から減産方針へと大転換したが，ロシアはあくまでも原油減産には慎重である。減産の長期化で油田のメンテナンスに悪影響が及ぶからだ[57]。

　原油の協調減産強化を打ち出したものの，OPEC加盟産油国とOPEC非加盟産油国とによる，いわゆる「OPECプラス」の協調減産は理想とする状況にはほど遠い。そもそもロシアは原油減産には消極的，早期に減産合意から離脱する意向を示していた[58]。

　協調減産の不確実性が確認されれば，国際原油価格の回復基調は不透明とならざるを得ない[59]。「OPECプラス」はすでに，2020年8月からは実質日量200万バレルの増産に転換，2021年1月からはテーパリング（縮小）プロセスに入った[60]。世界中で原油在庫が積み上がっており，原油価格の重石となっていた。

　しかも，ロシアでは天然資源に全面依存する経済構造が一向に是正されていない。燃料エネルギー部門は輸出額の6割，政府歳入の39％を占有する（2019年実績）。脱資源エネルギー依存を視野に入れた，産業構造の多様化・多角化は遅れている。中小企業の裾野も広がっていない。人材育成にも眼を向けられないでいる。

　国際資源価格の動向とロシアの経済成長率は一貫して比例的に推移してきた。ロシアの消費社会は相も変わらず，オイルマネーの恩恵に依拠している

が，資源依存型の成長モデルに未来はない[61]。

低空飛行を続けるロシア経済

　資源価格が下落傾向を辿ったなか，最近の経済成長率は平均で 1.3％成長に甘んじている。昨今の国際原油価格は低迷が続き，プーチン政権は最大の危機に直面，危機感を抱くようになった。当面はサウジアラビアとの対決姿勢を修正し，国際原油価格の回復を優先して，原油の協調減産に舵を切る[62]。

　確かに 20 世紀は「石油の時代」であった。しかし，世はすでに 21 世紀。「カーボン・ニュートラル」を追求する新時代を迎える。もはや石油が無用の長物化する時代はすぐそこにきている。産油国がこの世では不要となる。資源大国ロシアもまた，時代遅れの「老国」として忘れ去られるのか。

　プーチン政権の 20 年間で悲願の経済大国は実現していない。GDP 規模で見ると，ロシアは世界第 11 位にとどまっている。世界 5 大経済国への仲間入りは夢のまた夢である。

　ロシアの政府系ファンド（SWF）はロシアのハイテク企業への共同投資をソフトバンクグループ（SBG）に打診している模様だが[63]，果たして実現するかどうか。SBG にも死角はないのか。

3．皇帝プーチンの見果てぬ夢

揺らぐプーチン信任

　プーチン大統領への「信任」は明らかに揺らいでいる。2020 年 5 月の支持率は 59％と，過去最低の水準に接近している。プーチン政権は憲法を改正しようと意気込んだが，国民生活は困窮を極める一方である。憲法改正の是非を問う全国投票は実施されたものの，ロシア国民にとっての優先順位は憲法改正ではなく，ささやかな日常生活の安定である。

　だが実態はというと，景気低迷長期化の懸念を背景に，通貨ルーブルが売り込まれる影響で，インフレ圧力が強まる。当局がルーブル買いの市場介入を断

行すると，外貨準備金は確実に目減りしていく。経済防衛を目的とする軍資金は総額で1,650億ドルと試算されている。1日当たり3億ドルに達する[64]。「国家福祉基金」は2020年中に半減すると予測されていた。

　実質所得が減り，失業者が街に溢れる悲惨な状況は必然であり，大幅な景気後退に陥ることは間違いがない。貧困層は急増し，経済格差も拡大する一方となる。社会の分断もより深まっていくことだろう。

　安全保障面では対立しつつも，従来，ロシア経済は欧州諸国との経済関係によって支えられてきた。最近では，ここに中国も加わっている。ところが，新型コロナウイルスの感染拡大で国境を閉鎖せざるを得なくなった。ロシア単独での経済復活は絶望的である。

　EUを離脱した英国は，国際的な人権侵害事件の加害者に独自の制裁を科す新たな制度を創設。その第1弾として，プーチン大統領の側近など49の人・組織を制裁対象とした[65]。ロシアは確実に国際社会から孤立し始めている。

　ロシア市民が現状の経済に満足しているとは到底思えない。現状とは異なる未来を希求するにもかかわらず，クレムリンはその明るい未来を提供できないでいる[66]。クレムリンはロシア社会の問題の根深さを理解できずにいる。

プーチンの挫折

　まずは経済の安定を実現できないと，プーチン政権の先行きは危うい。プーチン大統領が周到に描いてきた超長期政権構想は大きく揺らいでいる。少なくともプーチン大統領の信用，権威が失墜することだけは確かである。地方の知事に責任を負わせる魂胆だろうが，信用失墜の修復には相当程度の時間と費用が必要となる。

　プーチン大統領はロシアの「大国復活」を声高に叫ぶものの，「プーチンのロシア」はさながら，ソ連邦末期のブレジネフ政権時代に垣間見た，停滞期の様相を呈している。ソ連邦国家保安委員会（KGB）でプーチン大統領の同僚だった，パトルシェフ安全保障会議書記は，欧米の個人主義や消費社会を痛烈に批判，政権内の保守反動勢力を束ねる[67]。

　資源依存型の大規模企業成長モデルなどロシアの「ソ連邦化」は確実に進んでいる。「皇帝プーチン」はインナーサークルによって体良く利用されているのかもしれない。「皇帝プーチン」の退位は先送りされるのか[68]。それとも健康問題が明るみに出て，早期に退位，プーチン劇場は終幕を迎えるのか。そのうえで名もなき後継者が突如，彗星のごとく姿を現すのか。案外，プーチン劇場の幕切れは早いのかもしれない。

【注】

1) *Financial Times*, May 12, 2020.　*Financial Times*, September 28, 2020.

2)『日本経済新聞』2020 年 5 月 10 日号。

3)『日本経済新聞』2020 年 5 月 13 日号。

4)『日本経済新聞』2020 年 6 月 9 日号。

5)『日本経済新聞』2020 年 8 月 4 日号。『日本経済新聞』2020 年 8 月 12 日号。『日本経済新聞』2020 年 8 月 25 日号。

6)『日本経済新聞』2020 年 6 月 2 日号。

7)『日本経済新聞』2020 年 6 月 25 日号。

8)『日本経済新聞』2020 年 7 月 2 日号。

9)『日本経済新聞』2020 年 7 月 8 日号。*Financial Times*, July 3, 2020.

10)『日本経済新聞』2020 年 6 月 3 日号。

11)『日本経済新聞』2020 年 6 月 23 日号。

12)『日本経済新聞』2020 年 7 月 3 日号。

13)『日本経済新聞』2020 年 7 月 9 日号。

14)『日本経済新聞』2020 年 7 月 4 日号。『日本経済新聞』2020 年 7 月 7 日号。

15)『日本経済新聞』2020 年 7 月 9 日号。

16)『日本経済新聞』2020 年 9 月 14 日号。『日本経済新聞』2020 年 9 月 15 日号。*Financial Times*, September 10, 2020.

17)『日本経済新聞』2020 年 8 月 12 日号。『日本経済新聞』2020 年 11 月 14 日号。

18)『日本経済新聞』2020 年 8 月 13 日号。

19)『日本経済新聞』2020 年 5 月 6 日号。

20)『日本経済新聞』2021 年 2 月 2 日号。

21）『日本経済新聞』2020 年 10 月 1 日号。

22）*Financial Times*, May 21, 2020.

23）*Financial Times*, July 25, 26, 2020.

24）*Financial Times*, April 25, 26, 2020. 『日本経済新聞』2020 年 7 月 25 日号。

25）『日本経済新聞』2021 年 5 月 7 日号。『日本経済新聞』2021 年 7 月 24 日号。*Financial Times*, July 24, 25, 2021.

26）*Financial Times*, November 3, 2020.

27）『日本経済新聞』2020 年 12 月 15 日号。

28）『日本経済新聞』2020 年 8 月 4 日号。

29）*Financial Times*, February 8, 2021.

30）『ヨーロッパ経済ニュース』2020 年 12 月 22 日号。

31）*Financial Times*, February 8, 2021.

32）*Financial Times*, December 2, 2020.

33）『日本経済新聞』2020 年 5 月 28 日号。

34）『日本経済新聞』2020 年 6 月 4 日号。

35）『日本経済新聞』2021 年 2 月 8 日号。

36）*Financial Times*, July 16, 2020. 『日本経済新聞』2021 年 4 月 2 日号。

37）『日本経済新聞』2020 年 7 月 16 日号。*Financial Times*, July 21, 2020. *Financial Times*, July 14, 2020. *Financial Times*, July 30, 2020. *Financial Times*, August 3, 2020. *Financial Times*, August 4, 2020. *Financial Times*, August 7, 2020.

38）*Financial Times*, August 29, 30, 2020. 『日本経済新聞』2020 年 9 月 4 日号。*Financial Times*, September 3, 2020. 『日本経済新聞』2020 年 9 月 22 日号。

39）*Financial Times*, October 2, 2020.

40）『日本経済新聞』2021 年 1 月 19 日号。*Financial Times*, January 19, 2021. *Financial Times*, January 20, 2021. 『日本経済新聞』2021 年 1 月 21 日号。*Financial Times*, January 22, 2021. 『日本経済新聞』2021 年 1 月 23 日号。『日本経済新聞』2021 年 1 月 24 日号。『日本経済新聞』2021 年 1 月 25 日号。*Financial Times*, January 26, 2021. *Financial Times*, January 28, 2021. *Financial Times*, January 30, 31, 2021. 『日本経済新聞』2021 年 2 月 1 日号。*Financial Times*, February 1, 2021. 『日本経済新聞』2021 年 2 月 2 日号。『日本経済新聞』2021 年 2 月 3 日号。*Financial Times*, February 3, 2021. 『日本経済新聞』2021 年 2 月 4 日号。*Financial Times*, February 4, 2021. *Financial Times*, February 13, 14, 2021. 『日本経済新聞』2021 年 2 月 20 日号。*Financial Times*, February 23, 2021. 『日本経済新聞』2021 年 2 月 25 日号。『日本経済新聞』2021 年 2 月 27 日号。

41）*Financial Times*, March 26, 2021. *Financial Times*, April 1, 2021. *Financial Times*, April 7, 2021. 『日本経済新聞』2021 年 4 月 19 日号。『日本経済新聞』2021 年 4 月 22 日号。 『日本経済新聞』2021 年 4 月 23 日号。*Financial Times*, April 26, 2021. *Financial Times*, April 30, 2021.

42）*Financial Times*, October 16, 2020. *Financial Times*, December 15, 2020. *Financial Times*, December 18, 2020. 『日本経済新聞』2020 年 12 月 23 日号。『日本経済新聞』2020 年 12 月 3 日号。『日本経済新聞』2021 年 1 月 14 日号。『日本経済新聞』2021 年 3 月 3 日号。 *Financial Times*, March 3, 2021.

43）*Financial Times*, February 11, 2021. 『日本経済新聞』2021 年 2 月 10 日号。*Financial Times*, February 9, 2021. 『日本経済新聞』2021 年 2 月 8 日号。

44）*Financial Times*, February 3, 2021.

45）*Financial Times*, April 25, 26, 2020.

46）『日本経済新聞』2020 年 5 月 6 日号。

47）*Financial Times*, May 21, 2020.

48）『日本経済新聞』2020 年 7 月 23 日号。

49）『日本経済新聞』2020 年 6 月 4 日号。*Financial Times*, December 9, 2020.

50）『日本経済新聞』2020 年 7 月 23 日号。*Financial Times*, July 14, 2020. *Financial Times*, September 22, 2020.

51）『日本経済新聞』2020 年 5 月 24 日号。

52）『選択』2020 年 6 月号，31 ページ。

53）*Financial Times*, April 30, 2021.

54）『日本経済新聞』2020 年 8 月 26 日号。

55）『日本経済新聞』2020 年 10 月 7 日号。

56）『日本経済新聞』2020 年 7 月 8 日号。*Financial Times*, July 3, 2020.

57）『日本経済新聞』2020 年 6 月 2 日号。

58）『日本経済新聞』2020 年 6 月 8 日号。

59）*Financial Times*, June 8, 2020.

60）『日本経済新聞』2020 年 7 月 16 日号。*Financial Times*, July 16, 2020. 『日本経済新聞』 2020 年 8 月 1 日号。『日本経済新聞』2020 年 12 月 5 日号。

61）『日本経済新聞』2020 年 7 月 10 日号。

62）『日本経済新聞』2020 年 5 月 28 日号。

63）*Financial Times*, July 24, 2020.

64）*Financial Times*, May 5, 2020.

65）『日本経済新聞』2020 年 7 月 8 日号。

66）*Financial Times*, July 2, 2020.

67）『日本経済新聞』2020 年 7 月 9 日号。

68）『日本経済新聞』2020 年 7 月 7 日号。

第Ⅱ章

クレムリンの中東戦略

1. 緊迫する中東情勢とロシア

A. 本格化するイラン・米国激突

　新年早々，物騒なニュースが舞い込んできた。令和の御世を迎えて初めての正月，米軍はイラン革命防衛隊の精鋭組織である「コッズ（聖地エルサレムを意味する）部隊」の国民的英雄カセム・ソレイマニ司令官を空爆で暗殺した。

　コッズにはイスラムの盟主を目指すイラン対外強硬派の野心が投影されている。事態の重大性に鑑み，イランの最高指導者ハメネイ師は対米報復攻撃を警告，中東情勢は一気に緊迫の度合いを高めた。

的外れな司令官殺害

　イラクで任務を遂行していたソレイマニ司令官は首都バグダッドで無人機攻撃によって殺害されたが，ソレイマニ司令官のイラク任務には二つの目的があった。一つはイラクにイランの影響力浸透を図ること。もう一つは過激派組織「イスラム国（IS）」壊滅作戦を完遂すること。目的達成には相当程度の時間と労力が必要だった。

　米軍はソレイマニ司令官殺害に成功したけれども，イエメンに展開するコッズ部隊の高官暗殺には失敗している。トランプ米前政権による秘密作戦は，必ずしも当初の目的を達成できないという未熟な側面も露呈した形となった。

　米国にとっての「宿敵」となるイランはいかなる手法で報復するのか。イランやイラクを戦場とする米国とイラン両国による激突が展開されていくのか。

　ソレイマニ司令官の服喪明け直後，イランは「殉教者ソレイマニ」軍事作戦に踏み切る。米軍のイラク駐留基地2カ所（西部アンバル州アサド空軍基地，北部エルビルの基地）を弾道ミサイルで砲撃した。アサド空軍基地はイラク最大規模の軍事拠点で，米海兵隊が駐留している。

複雑な中東の国際関係

　イランの背後にはロシアがひかえる。ソレイマニ司令官がロシアを訪問した際には，プーチン大統領が面会に応じた。ソレイマニ司令官が大物であることを物語る。クレムリン（ロシア大統領府）はワシントンの影が薄くなった中東地域の空白を埋めるべく，影響力拡大を虎視眈々と狙う。

　大統領選挙対策として，トランプ前大統領は対イラン強硬姿勢を米国内のキリスト教福音派やユダヤロビーにアピールしたかった。だが，大統領選挙の結果を見る限り，この選挙向け作戦は奏功しなかったことになる。アンカラは中東の大国としてプレゼンスを誇示したい。リヤドにも中東産油国の盟主だというプライドがある。北京は広域経済圏構想「一帯一路」に中東地域も巻き込みたい。複雑化する中東の国際関係を読み解くには難解な方程式を解明していく必要がある。

　その前に足元の事実関係を明確にしておこう。

B.　重層的な対立局面

　イラン政府は近年，イラン革命防衛隊を軸として，対外工作を画策，イスラム教シーア派勢力を支援，束ねる戦術を行使してきた。

　具体的には，イスラム教シーア派が中核を担うイラク政府や人民動員隊（PMF），イエメンの親イラン武装勢力「フーシ」，シリアのイスラム教シーア派組織「カタイブ・ヒズボラ人民動員隊（PUM）」やシリア政府，レバノンを根拠地とするイスラム教シーア派民兵組織「ヒズボラ（神の党の意）」をイランが支援しつつ，中東地域におけるイランの影響力拡張を図っている。

　ヒズボラの政党部門は国会に議席を確保するうえに，小国レバノン南部を実効支配する。レバノンでは放漫財政が危機を招き，外貨建て国債の債務不履行（デフォルト）に追い込まれた。ヒズボラは国際通貨基金（IMF）への支援要請に反対する。

　イスラエルと反目するパレスチナのイスラム原理主義組織ハマスはスンニ派でありながら，イランから資金や武器の提供を受け入れてきた。イランの影響

力は今やイエメン，イラク，レバノン，パレスチナに及ぶ。

イランの躍進を止めたいワシントン

　イランの台頭を阻止しようと，イスラエルや米国，それに米国の同盟国であるペルシャ湾岸産油国がイラン封じ込め戦略を練り上げてきた。2019 年末にはコッズ部隊がイラク国内に展開する米軍を攻撃，複数の米国人が死傷した。

　これに報復すべく，ホワイトハウス（米大統領府）はコッズ部隊攻撃に舵を切る。米軍はイラク・バグダッドの国際空港でソレイマニ司令官の車列を空爆，PUM の指導者とされるアブ・マフディ・アルムハンディス副司令官とともに殺害した[1]。

　ワシントンはテヘランとの交渉に応じる姿勢を崩してはいないけれども，イラン政府がホワイトハウスと向き合う余地はない。むしろイラン国内の反米世論，すなわち愛国心を鼓舞，有効利用して，国民の結束を固めたい。イラン国内は対米開戦・宣戦布告ムード一色に染まった。

　2020 年 2 月 21 日，イランで国会（一院制，定数 290）選挙が実施され，大方の予想通り，保守強硬派が圧勝した[2]。投票率は 42％と 1979 年のイスラム革命以降で初めて 5 割を下回った。有権者の政治不信を物語っているものの，穏健派が勢力を失うなか，米国との対話模索は絶望的な情勢となった。強硬派が主導権を掌握し続ける政局が継続する。

　イラン政府は米国による単独行動，独断専行の危険性を力説，米国こそが世界の異端児だと国際社会に訴えるだろう。その一方で，対米報復，復讐の方策を探る。米国とイランの激突は挑発の応酬，連鎖に発展する危険性を秘めている。

　その最前線がイラクになることは指摘するまでもない。イラクでもイランと同様に反米色が濃くなっている。イラクに駐留する米軍は規模を縮小する。イラクに力の空白が生まれることは時間の問題となった。サイバー攻撃もイランの選択肢となる。サイバー攻撃はイランの「お家芸」である。

　米側もまた，イランからの報復・復讐作戦に備えて，米兵 3,000 人前後をク

ウェートやイラクなど中東地域に追加派遣，米軍の増派に踏み切らざるを得なくなった。空母2隻（「ドワイト・アイゼンハワー」「ハリー・トルーマン」）も中東地域に配備された。FA18戦闘機攻撃機「スーパー・ホーネット」が空母から出動できる体制も整った[3]。

　原子力空母「ニミッツ」の中東地域派遣が延長された。さらに有事となれば，地中海に展開する米海兵隊やヘリ部隊などもペルシャ湾に移動することだろう。もちろんイラン側は猛反発，対米攻撃を仕掛けていくだろう。

日本経済の生命線：ホルムズ海峡

　中東地域に広がる米国の関連施設やサウジアラビアの石油関連施設，それにイスラエルの主要都市テルアビブやハイファ，世界原油流通量の20%に相当する，日量2,000万バレルもの原油輸送の大動脈であるホルムズ海峡を航行する船舶・タンカーは，イランによる軍事攻撃の標的となることは間違いがない[4]。イラン側がホルムズ海峡を封鎖しても，自国への打撃は限定的だ。すでに経済制裁が科されているからである。

　日本が輸入する原油の8割はホルムズ海峡経由である。中東産の液化天然ガス（LNG）もホルムズ海峡を通過する。日本に運び込まれるLNGの14.3%はホルムズ海峡通過分である[5]。

　21世紀の「エネルギー・ショック」には日本も必ずや巻き込まれる。一夜にして日本のエネルギー安全保障は揺さぶられることになろう。文字通りの「イラン危機」。米国・イランの対立は制御不能の混乱を招くリスクをはらむ。

イランの軍事力

　米軍の軍事力との差は歴然としているけれども，イランが中東最大の兵力を有することを侮ってはならない。

　イランの正規軍は陸軍35万人，海軍1万8,000人，空軍3万人規模を備える。また，イラン指導部直属組織（親衛隊）の革命防衛隊はイラン革命勃発の1979年に創設され，12万5,000人の兵力を有する。コッズ部隊が対外工作，

情報活動，国境警備，対テロ作戦も包括する。IS掃討作戦では重要な役割を果たしてきた経緯がある。

　他方，ペルシャ湾岸諸国には米軍の拠点が複数箇所存在する。バーレーンに米海軍第5艦隊司令部があるほか，カタールではアル・ウデイド空軍基地が，サウジアラビアではプリンス・スルタン空軍基地が米軍の根拠地となっている[6]。

　また，いわゆる「アフリカの角」に位置し，バブ・エル・マンデブ海峡を臨むジブチにはアフリカで唯一の米軍基地がある。イラクでは米軍が増派を重ねてきたことは誰もが承知するところとなった。中東を管轄する米中央軍の規模は6万〜8万人にのぼる[7]。

　アフリカの角やスーダンにはここ最近，ペルシャ湾岸諸国からの投資マネーや武器・兵器が流入する。アラビア半島とアフリカの角とが一体化する過程にあるのかもしれない[8]。

　ペルシャ湾岸諸国では「ロイヤル・ファミリー」が君臨するが，イスラム教シーア派住民もまた数多く居住する。国家指導部レベルではペルシャ湾岸諸国とイランとが対峙する。しかし，市民レベルにまで視野を広げると，異なった景色が見て取れる。政府の見解が必ずしも世論と一致するわけではない。

　革命防衛隊はイラン政治・経済の隅々にまで浸透し，巨大なる経済利権を掌握する。革命防衛隊を抜きにして，イランの社会構造は語れない。その傘下の民兵組織「バシジ」は市民生活に介入，目を光らせる。

困窮きわめるイラン経済

　イラン経済は経済制裁の強化で景気後退を余儀なくされている。何よりも主力の原油輸出量は激減，2020年には日量50万バレルにとどまると予想されていた。産油量は2020年12月時点で日量202万バレル，輸出量は同20万バレル〜同120万バレルだとされる。

　イラン産原油の主要輸出先は中国やシリア，ベネズエラといった反米諸国である。ことに中国向けの原油輸出は急増，市場価格よりも割安で輸出されてい

る。2021年2月には日量47万8,000バレル，同年3月には同100万バレルが中国に輸出されたという。

　オイルマネーの流入が滞り，外貨準備金はわずか88億ドルにまで減少した（2020年10月現在，2019年では855億ドル）[9]。

　今では原油に代わって，非石油製品が大量に輸出されるようになったけれども，外貨不足は輸入の停滞に直結，市民生活を直撃する。イランが世界屈指の天然ガス大国であることから，天然ガスもトルコ，イラク，アゼルバイジャン，アルメニアなど周辺国に輸出されている。

　それでも，外国直接投資は激減，カントリーリスクを重要視する外資系企業は対イラン投資を躊躇している。結果，イランの油田・天然ガス田の開発・生産，その輸出能力の拡大などはイラン独力で取り組まれている模様である。

　IMFによると，イランの実質経済成長率は2019年でマイナス6.5％に沈み，2020年もマイナス5％を記録すると見通されていたが[10]，マイナス6％となった模様である。

　通貨リアルの暴落が原因でインフレが高進，公式統計でも年間のインフレ率は46.2％に達する（2021年1月）。同時に，モノ不足も深刻化している[11]。失業率は16.5％に及ぶ。特に，若年層の失業率が高止まりし，ある試算によると40％に達するという。

　産油国であるにもかかわらずガソリン価格は急騰，医薬品の不足も相まって，庶民の懐が痛みつけられる。結果，イラン市民は物価高で困窮と我慢を強いられている[12]。ガソリンの値上げは野菜や肉の価格も押し上げる。

苦慮するイラン指導部

　イラン政治指導部はこの不平・不満，閉塞感を愛国心，ナショナリズムの鼓舞で打破したい。だが，イランの場合，中東地域で新型コロナウイルスの感染拡大が最も深刻で，さらなる経済的苦境に陥るのは必至の情勢である。

　イランは人口規模8,000万人の中東を代表する大国であるが，その7割がイラン・イスラム革命後の世代[13]。欧米のライフスタイルに憧れるのは致し方

ない。それだけに，国際ニュースには敏感だ。たとえ当局が情報を規制して
も，インターネットや衛星放送を通じて国際ニュースに接触できる。

　欧米世界の生活水準との落差は歴然としている。世代交代が進展すると，否
応なくポスト革命世代の不満は鬱積する。若年層の失業率は40％に上り，生
活苦が犯罪の増大を招く悪循環に陥っている。イラン政治エリート層が向き合
わねばならない，切実な社会問題が山積している。

　強硬派が改革派を粛清して，市民の不満を封じ込めるのか。それとも穏健派
が台頭して，変革の旗を振るのか。逆説的だが，国際社会による制裁緩和がイ
ランを改革路線に導いていくのかもしれない[14]。

不安定な「イラン核合意」

　英国，ドイツ，フランスの３カ国はイランによる核関連活動を制約する，い
わゆる「核合意」の違反を正式に認定，「紛争解決メカニズム（DRM）」発動に
舵を切ろうとした経緯がある[15]。この手続きに着手されれば，国連制裁は再
開されることになる。ロシアはこの措置を批判，イランを擁護する姿勢を崩し
ていないが，制裁緩和に道を開くことは絶望的となり，「見果てぬ夢」と化す。

　イスラエルとアラブ首長国連邦（UAE）やバーレーンが関係正常化に踏み
切ったこと，米国にバイデン新政権が誕生したこと，これに伴ってワシントン
が中東政策を転換していることを受けて，イラン当局は対外戦略を軌道修正。
国際原子力機関（IAEA）の査察を受け入れる方針に転換すると同時に，欧州
諸国との関係を重視する姿勢に転じている。また，イラン政府は水面下で対立
するサウジアラビアとの直接協議に踏み込んだ。イランはエジプトやヨルダン
とも対話を始めている。

　米国の対イラン経済制裁の解除とイランの核開発の制限について，イラン核
合意の当事国は協議を再開し，継続協議することで合意している。イラン核合
意から離脱したトランプ前政権が強行した，国連制裁の全面再開（スナップ
バック）を抑止するためである。イラン核合意と制裁をめぐる動向はイラン国
内の権力闘争とも絡む。強硬派はあくまでも米国敵視を貫き，穏健派に圧力を

かける。

　イラン当局は核施設でウラン濃縮度を60％に引き上げる作業を始めたと表明，核兵器に使用されるウランの研究開発を開始した。ウラン濃縮度60％の達成となると，兵器級とされる90％への到達が容易になるという。イラン核合意で定められた濃縮度上限の3.67％を大きく上回り，2015年の核合意成立前の濃縮水準に戻ってしまった。濃縮ウランの貯蔵量も激増している。

　最高指導者のハメネイ師は大量破壊兵器を保有する意図はないと明言したものの，バイデン政権は核合意からの大幅逸脱を容認することはできないだろう。バイデン政権は段階的な制裁の緩和を示唆しているけれども，核合意復帰のハードルは確実に上がってきた。イラン側はまず，米側が制裁を解除することに優先を置く。そもそもイラン核合意の狙いは中東情勢の緊張緩和にある。関係国は再度，この原理原則に立ち返る必要がある。

　ソレイマニ司令官殺害直後には，イスマイル・ガアニ副司令官を後任とする人事が発表されている。革命防衛隊は決して衰退しない。イラン核合意は実質的に骨抜き状態となってしまった。イラン側は核合意の義務履行停止を国家としての権利だと主張している。加えて，イラン政府は核拡散防止条約（NPT）から脱退する意向を示唆した[16]。

トランプ前政権の本質

　一見，トランプ前政権はタカ派を装うが，その本質はハト派である。イラン側がソレイマニ司令官暗殺の報復，復讐としてイラクの米軍基地を弾道ミサイル攻撃した際（報復作戦「殉教者ソレイマニ」），米側は反撃しなかった。イラン側，米側双方とも本格的な武力衝突を回避したい。

　ワシントンは対イラン制裁強化で対抗するけれども，切るべき制裁カードの数も尽きてきた。テヘランは米国が制裁を解除しない限り，対話というオプションを断固，拒否し続けるだろう。事実，ハメネイ師は国民に反米結束を呼びかけ，米国との対話を完全否定した[17]。あくまでも対決姿勢を崩さない構えでいる。

「報復の掟」を強く意識するイスラム教シーア派の武闘派分子が米軍，米国人を標的とする攻撃を散発的に仕かけるリスクは常に存在する[18]。その範囲は中東地域にとどまらない。国際テロのリスクは極度に高まってしまった。

ホワイトハウスは長期戦を余儀なくされよう。米国は中東の親米国を守り抜くことができるのか。トランプ前政権の長期戦略を欠く利那主義が親米国を見捨てる可能性さえあった。

米国のバイデン新政権はイラン核合意に早期復帰する方針を打ち出し，関係各国との協議を重ねているが，戦略なきトランプ前政権時代の負の遺産が重くのしかかる。バイデン政権は核合意への復帰が中東安定の鍵と位置づけ，主導権の回復を狙う。イラン政府の戦略は，制裁の早期解除や中東地域からの米軍追放に力点が置かれる[19]。これが実現すれば，イラン側の勝利となる。

米軍撤退となれば，イスラエルやペルシャ湾岸産油国に激震が走る。核開発ドミノが起きて，混乱と混沌は中東全域に波及していくことだろう[20]。ロシアや中国には中東地域を安定に導くだけの能力が欠落している。米国を中心とする北大西洋条約機構（NATO）の関与が必要なゆえんである。

イランをめぐる厄介な国際関係

イラン核合意が破綻した場合，イランはイスラエルが保有する核兵器に対抗すべく，核開発に邁進していくだろう。イランの核兵器保有が実現すると，その脅威は瞬く間にイスラム教シーア派勢力に拡散していく。

加えて，イスラエルを敵視するトルコもまた核開発の道を模索するだろう。これに協力するのはロシアであり，中国である。イスラエルが対イラン先制攻撃に踏み切る恐れも生じる。ホワイトハウスの中東戦略はまたもや空転した。中東地域の安定を支えてきたイラン核合意を独断的に反故にしたワシントンの罪は重い。

そもそも米国の中東戦略は迷走を繰り返すばかりだった。同盟国イスラエルを防衛し，イランを敵視する以外に，確固たる外交戦略は存在しなかった。今回のコッズ部隊攻撃で米国は窮地に追い込まれた。それを横目に，ロシアの高

笑いは止まらない。ワシントンが国力を削がれ，衰弱していく間隙を突いて，必ずやモスクワは勢力伸張を試みるだろう。イラン戦争で米国の体力は確実に消耗していく。

米軍撤退後の中東世界にロシアや中国が忍び寄ることを阻止するには，NATO加盟国の結束が不可欠となる。ところが，NATOは中東の戦乱が欧州に飛び火することを恐れ，イランに自制を促すばかりで中東地域防衛に興味を示さない。

NATOは欧州地域への難民流入やテロ拡散を警戒するだけで，集団的自衛権の発動に踏み切る気概と覚悟を欠いている[21]。NATOの態度は終始，煮え切らず，中東への追加派兵を躊躇し続けている[22]。このNATOの無関心，欧州第一主義がロシアやトルコの勢力伸張を許容してしまった。

C. 動揺する国際金融・商品市場

国際金融市場は地政学リスクと再び向き合わねばならなくなった。市場参加者がリスクヘッジ（回避）の投資行動を余儀なくされると，マネーはリスク資産から一斉に流出，安全資産，すなわち日本円，金（ゴールド），スイスフラン，米国債などに大量流入する。米長期金利が低下すると，米ドルが売られ，日本円に資金は流れ込む。日本株が円高に脆弱なのは周知の事実である。

ペルシャ湾岸の戦略的価値

ペルシャ湾岸地域には世界屈指の油田地帯が広がる。「イラン戦争」の最前線となるイラクには，1,472億バレルの原油が眠り，原油埋蔵量で世界第4位を誇る。2016年の原油生産量は日量464万8,000バレルにのぼり，主として中国やインドなどアジア諸国の原油需要を満たす[23]。

世界原油供給量は過剰気味とは言え，安定供給の懸念が顕在化すると，当然，国際原油価格は急伸する。特に，中東地域に近接する欧州の油価指標となる北海ブレント原油先物価格は敏感に反応する[24]。

米国の原油生産量は「シェール革命」の恩恵を享受して一時，急増した。北

米大陸全体で原油資源の自給自足体制が構築されることは時間の問題となった。米国はもはや中東産原油を必要としない。この現実が中東地域からの米軍撤退を誘発する。

だが，石油価格の急騰はロシアといった産油国にオイルマネーが舞い込む反面，米国経済を含めて，石油消費国の経済を確実に蝕んでいく。原油高が企業収益，個人消費に悪影響を及ぼす。日本の中東産原油の依存度は相も変わらず高く，9割に達する。製油所スペックの関係で安易に脱中東産原油を実現できないでいる。

石油価格が史上最高値を記録したのは，世に言う，リーマン・ショック（金融危機）の前夜であったことは記憶に新しい。昨今の金融市場は典型的な過剰流動性相場。原油高が石油消費国の実体経済を揺るがす主因となれば，投機マネーは金融市場から一斉に引き揚げられる。世界経済全体が低迷期に突入すると，結局は原油価格を押し下げていく。石油消費国経済も産油国経済も揃って停滞する同時不況が待ち構える。

グローバル化する地政学リスク

国際金融市場を揺さぶる地政学リスクは中東情勢だけでない。

米中両国による正面衝突の本質は貿易戦争ではなく，IT（情報技術）分野と軍事分野にある。覇権競争の根源的な原因は米中両国による体制間闘争であり，技術に絡む主導権争いにある。ワシントンは何よりも中国共産党を敵視する。

米国の極端な対中姿勢は勢い，台湾接近を演出する。台湾に武器・兵器を輸出し，要人の相互訪問を解禁するなど，台湾の関係強化に米国が熱を入れると，自ずと北京は攻撃的になる。台湾が米中代理戦争の戦場と化すのか。

朝鮮半島に眼を転じると，北朝鮮が大陸間弾道ミサイル（ICBM）発射や核開発に突進している。結果として，北朝鮮の非核化は実現しない。米国と北朝鮮の対立が深刻化したとき，イラン戦争と北朝鮮戦争という地域紛争の「二正面作戦」に対応できる能力は米軍に備わっているのか。

地政学リスクは世界中に点在する。いずれも米国を巻き込む地政学リスクであることは指摘するまでもない。

2. 中東世界の国際関係とロシア

A. イラン危機とロシア

支離滅裂なホワイトハウスのイラン政策

　執念深くイランを敵対視する米国だが，かつてパーレビー国王（皇帝＝シャー）が君臨していた親米政権時代，イランは研究向けの原子炉を米国から導入していた。そして，商用の原子力発電所を稼動させたのは当時の西ドイツだった。米国と英国の資本がイランに大量投下されたあげく，米国はイランを従属下に置き，中東戦略の拠点として仕立て上げていた。

　イラン・イスラム革命で米軍がイランから放逐されると，今度はロシアがイランに急接近。ロシア国営原子力独占体ロスアトムは原子力発電所の営業運転を開始した。

　イスラム革命がイランで勃発すると，パーレビー国王は国外に脱出。テヘランの米大使館占拠・外交官人質事件を契機に，イランと米国は相互に不信感を強めていく。対抗措置として米国はイランと断交（1980年4月），経済制裁を発動した。それ以降，イラン・米国双方の禍根は解消されず，今に至る。

　イランがイスラム革命の対外輸出を提唱すると，隣国イラクのフセイン大統領（当時）は逸早く身構えるようになる。矢継ぎ早にイランを空爆，イラン・イラク戦争の火蓋が切られる。米国はイラクを全面支援，武器・兵器や資金を潤沢に供給した。対するイランはシリアに接近，レバノンではヒズボラを創設，シリアやレバノンを拠点にイスラエル攻撃の態勢を整える。

　米国はイラク戦争を仕掛け，フセイン大統領を殺害するが，フセイン体制崩壊後に実権を握った勢力は多数派のイスラム教シーア派だった。この段階でイランはイラク，シリア，レバノンをまたぐ勢力圏を確保する。

　その結果，イスラエルやペルシャ湾岸産油国はイランの軍事的脅威に直面す

ることになる。正式な国交がないイスラエルとサウジアラビアが水面下で握手するのは，イランの脅威に備えるために他ならない。

　腰の定まらない外交・軍事戦略をワシントンが繰り返す限り，中東世界に平和は到来しない。

　ホワイトハウスがなすべきはイランを弱体化すること，この一点に尽きる。だが，ホワイトハウスはイラン弱体化戦略の道，すなわち戦術を見誤った。イラン核合意から一方的に離脱したトランプ前政権は制裁解除のカードを示唆して，イランとの対話を模索し，秋波を送ることさえあった。

　結局，イランの衰弱化は実現されず，逆に中東世界，ことにイエメン，イラク，シリア，レバノンに広がる，いわゆる「シーア派の三日月地帯」におけるイランの自由度，プレゼンスは確実に増していく。加えて，経済制裁に翻弄されているにもかかわらず，イラン政府は軍事費を維持し，防衛力強化に余念がない[25]。

新型コロナウイルス感染拡大に苦悩するイラン

　ただ，新型コロナウイルスの感染拡大はイランにも忍び寄る[26]。感染者数は300万人を突破，トルコとともに中東地域で突出する。国会を閉鎖する事態に発展するなか，国家予算の承認にも遅れが生じた。医療システムは大打撃を被ったものと推察される。感染の悪循環を早期に封じ込めないと，イラン社会に動揺が走る。

　また，イラン国内で革命防衛隊の強硬派が勢いづき，最高権力者の後継争いにも権力闘争が投影される様相を呈している。新たな感染症問題でイランの内政が揺らぐ今，一般市民が抱いてきた不平不満の矛先が政府に向けられると，イラン政権中枢部は一気に流動化していく。

ロシア・中国の思惑

　ロシア，中国の両国は中東戦略の一環として，イラン抱え込みに動く。イラン核合意から一方的に離脱した米国による制裁強化に反発すると同時に，米国

によるソレイマニ司令官暗殺事件を受け，イランは早速，中露両国と接触する。イランは新型コロナウイルス向けのワクチンをロシアや中国から調達する。この3カ国は米国の仕業を国際法違反だと非難，中露はイラン支持を表明している。対米牽制で3カ国は共闘する。

　イラン，ロシア，中国の3カ国は2019年末，イラン近海のオマーン湾付近で海上合同軍事演習を実施，米国主導のいわゆる有志連合「番人（センチネル）作戦」を牽制する。イランは合同軍事演習を通じて，自国が国際的に孤立していないことを示し，中東地域の大国であることを誇示したい。

　中露両国は中東の戦争ゲームに参画する姿勢を鮮明にすることで，中東のキープレーヤーであることを強調したい[27]。オマーン湾はホルムズ海峡に通じる海上交通の要衝に相当する。中国側はミサイル駆逐艦「西寧」を動員，派遣した[28]。

　オマーン湾はアラビア海とペルシャ湾を結ぶ海域である。アラビア海では米国のミサイル駆逐艦「ファラガット」にロシアの艦船が55メートルの距離まで異常接近する事案が発生。当然のごとく，ロシア国防省は事実と異なると米海軍の主張を否定，米側が意図的にロシア艦船の進路を妨害したとの持論を展開している[29]。

　バブ・エル・マンデブ海峡からオマーン湾に至る海域は海上自衛隊の活動範囲とも重なる。海上自衛隊の活躍が期待されるが，この海上自衛隊は2020年1月21日，アラビア海でロシア海軍と海賊対策の合同訓練を実施している。海賊に船舶が奪われた事態を想定，奪還作戦などが行われた[30]。

　イラン政府は2021年3月下旬，中国と経済・安全保障を包括する25カ年協定を締結，中国との協調姿勢を強めて，米欧の民主主義陣営に対抗していく構えを示している[31]。イラン側が原油など資源エネルギーを割安で中国に供給する見返りとして，中国側はエネルギー分野，鉄道などインフラ分野，情報通信分野に投資する。総投資額は4,000億ドル（エネルギー部門2,800億ドル，輸送・通信・製造部門1,200億ドル）が見込まれている。

　イラン・中国による戦略協力協定は米国主導の金融制裁を牽制する意味合い

があるものの，イラン側が米ドル経済圏にアクセスできない現状は続く。イラン側がチャイナマネーに期待を寄せていることは確かだが，協力構想そのものは一種のバーター取引（物々交換）の域を出ない。中国は従来からイラン産原油を日量100万バレルほど調達してきた経緯がある。

　北京はテヘランを中東軍事戦略の拠点に仕立て上げる魂胆なのだろうが，イスラム教シーア派を束ねるイランの中東政策に中国も巻き込まれていく。イラン国内ではそもそも，中国を危険視，警戒する声が根強い。北京は否応なく，中東混乱の渦に埋没していく。北京にとって「危険な賭け」であることは間違いがない。バイデン米政権は民主主義陣営の先頭に立って，中国に対抗するイニシアティブを構築しようとしている。

　ソレイマニ司令官を暗殺したトランプ前政権の単独主義政策は，中東イスラム教シーア派世界に反米機運・感情・怒りを再燃，沸き立たせた。ワシントンは無闇に敵を増やしたうえに，中国やロシアの関与まで招いてしまった。

　再度の失策はワシントンの威信を深く傷つけたことになる。欧州諸国の首脳は中東関与に消極的だったが，今後，中東地域の安定をめぐっては，バイデン米新政権との接触を積み上げていくことだろう。

迷走するワシントンの中東戦略

　混迷を深めるイラクの議会は今回の事件を背景に，米軍（5,000人規模）の駐留終了を要請する決議案を可決，イラクから米軍を追放すると息巻く[32]。イスラム教シーア派がイラク政治の表舞台に躍り出たことを斟酌すると，テヘランの思惑が反映されていることは間違いがない。

　イラク政府は早速，米国がイラクの主権を侵害しているとして，米国政府に軍撤退を要請した[33]。事実，米軍はソレイマニ司令官暗殺の際，無断でイラク領空を侵犯，無人機を飛行させた。

　この米軍撤退決議で米軍がイラクに駐留する「戦略的枠組み合意」という大義名分は雲散霧消した。この戦略的枠組み合意はイラクの領土・領空・領海を他国攻撃のために利用することを禁じる[34]。イラクにおける米国の影響力は

大幅に弱まり，代わって主導権はイランが掌握する展開となる。

　イランはイラクに駐留する米軍も攻撃の対象に据える。バグダッド北方には米軍駐留の拠点であるタージ基地がある[35]。2020 年 3 月 11 日にはこの駐留基地に多数のロケット弾が撃ち込まれ，米国や英国の兵士が死亡している。イラク中央部の山岳地帯でも米兵が死亡した。

　報復として，米軍はイラクのシーア派武装組織「カタイブ・ヒズボラ」の 5 カ所の拠点を空爆，敵の攻撃能力を低下させる攻撃に踏み切った。武器貯蔵施設を攻撃目標にしたという。タージ基地攻撃に使われたロケット弾の貯蔵施設が標的となった[36]。

　イランはイエメン内戦にも関与，2015 年以降，軍事介入するサウジアラビアと対立する。サウジアラビアはイエメン暫定政府を軍事支援する一方，イランはフーシを通じて対抗している。戦闘は激化しているが，フーシが優勢で暫定政府に圧力をかけている。

　バイデン政権がフーシをテロ組織指定から解除したことでフーシは勢いづき，イエメン全土の支配だけでなく，サウジアラビアの石油施設に軍事攻撃を仕かけている。イエメンでの人道危機は深刻な状況となっていることから，バイデン政権は人道支援の供与を表明。フーシに肩入れした格好となっている。結果，サウジアラビアが停戦を呼びかける局面を迎えた[37]。

絶望的な中東世界の緊張緩和

　中東イスラム世界ではイスラム教シーア派の存在を無視できない。今後，中東を舞台とする地域紛争，破壊工作，ゲリラ戦の懸念・リスクが高まっていく。ゲリラ戦にもつれ込むと，地の利に恵まれる現地勢力が有利なのはベトナム戦争が証明済みである。

　攻撃の標的に米軍・米国人が加わったことで事態はより深刻化，複雑化していくだろう[38]。ワシントンは今もってなお，中東世界の宗派構造や人口・民族構造の動態を理解していない。

　中東世界では，もはやイランの影響力，プレゼンスが米国のそれを大きく上

回っている。ホワイトハウスは確固たる中東戦略を持ち合わせていない。戦略
の錯綜を繰り返してきた原因はこの無知と鈍感さにある。結果，中東地域に緊
張緩和は到来しない。米国は同盟国からの信用を失い，そのコストは膨張する
一方となる[39]。

B. シリア内戦とロシア

シリア内戦の複雑な構図

　シリア内戦をめぐる構図は複雑怪奇である。内戦の原型はアサド政権と反体
制派とによる睨み合いだが，ここにクルド系武装勢力という変数が加わる。ロ
シアとイランがアサド政権を支援する一方，トルコは反体制派に肩入れしてア
サド政権打倒を公言する。

　他方，当初は米国がクルド系武装勢力を支援してきたが，米軍の撤収で支援
の規模は大幅に縮小した。クルド民族を目の敵にしてきたトルコは，クルド系
武装勢力を軍事攻撃の対象としてきた。

　このシリア内戦ではアサド政府軍を全面的に支援してきたロシアだが，モス
クワはすでに内戦後を見据えている。ロシア，イラン，トルコ3カ国の首脳が
トルコの首都アンカラに集結，憲法委員会を設置することで合意した[40]。

　シリアの新憲法を起草，選挙を実施するという政治プロセスを視野に入れ
る。サウジアラビアとの断交を解除し，トルコと良好な関係を保持するカター
ルもシリア和平協議に首を突っ込む。

　ポスト・アサド時代を見据えて，シリア分割統治が本格始動する。通貨シリ
アポンドは急落し，その価値は半減，市民はハイパーインフレの恐怖に脅える
毎日を過ごす。反アサド暴動がいつ深刻化しても不思議ではない社会情勢が続
く[41]。

アサド政権とモスクワ

　2020年1月初旬，プーチン大統領は中東動乱のさなか，シリアの首都ダマ
スカスを電撃訪問，アサド大統領と会談した。ダマスカスにはロシア軍司令部

がある。プーチン大統領は会談の席上，シリア内戦収束への取り組みを強調，復興に向けた成果が確認された[42]。シリアは世界屈指のリン酸塩埋蔵国として知られる。ロシアはリン酸塩生産の足場をダマスカス近郊に築こうとしている[43]。

　ロシア，イラン，トルコの影響力が定着する構図が鮮明になってきた。特に，モスクワはアサド大統領とそのインナーサークルの生命と財産を死守する見返りとして，シリアを自由自在に操る方針でいる[44]。その上でシリアの主要地域を支配し，地中海回廊を獲得したい。

　プーチン大統領はシリア電撃訪問の後，当初の予定通り，トルコも訪問，エルドアン大統領と会談した[45]。両首脳はイラン，リビア，シリアの各情勢について協議，意見交換している。

　IS指導者のアブバクル・バグダディ氏を自爆死に追い込んだことを転機として，トランプ前政権期に米軍はシリア撤収へと軍事戦略を180度転換した。シリアの反アサド勢力やクルド系主体のシリア民主軍（SDF）から軍事協力を得てきた米国が身勝手にも裏切り，彼らを見捨てたことになる。この動きを修正したのはバイデン米政権。バイデン政権はシリアとイラクの緊迫を緩和すべく，イランの支援を受ける勢力を空爆した。

　米軍撤収後の空白を埋める勢力はロシア，イラン，トルコとなる[46]。米国のみが中東世界で軍事力，影響力を誇示する時代はすでに終焉を迎え，中東地域は時代遅れの群雄割拠状態へと突入した。

シリアをめぐる国際関係

　もちろんロシア，イラン，トルコ3カ国の思惑が必ずしも一致するわけではなく，一枚岩とは言えない。

　トルコ軍はシリア北東部に越境，軍事侵攻し，トルコ・シリアの国境地帯を実効支配するクルド系武装勢力の掃討，駆逐作戦を実行した。この動きにシリア政府は猛反発，クルド系のSDFはアサド政権と握手し，アサド政権の傘下に入る方針に大転換した。アサド政府軍は失地回復を狙って，シリア北西部に

猛攻撃を仕掛ける。これにロシア軍も空爆で援護射撃している。

　シリアもロシアも反体制派にとって最終拠点となる北西部イドリブ県で大規模な軍事攻勢をかけている。アサド大統領はシリア全土の奪還を目指す構えだ。

　これに対して，難民の大量流入（すでにシリアから 360 万人の難民がトルコに流入）を憂慮するトルコはシリアと全面衝突，アサド政権軍に本格的な軍事作戦に打って出る[47]。トルコ軍，アサド政権軍双方の兵士が犠牲となっている[48]。エルドアン政権は多数の難民がトルコ国内に流入する事態を回避したい[49]。

　NATO 加盟国はトルコを支えると強調するが，具体的な支援策は打ち出されていない。NATO は集団的自衛権の行使に踏み切る覚悟はあるのか。モスクワは集団的自衛権の対象に相当しないと NATO を牽制する。

　アンカラは中東地域の仲介役，調停役，利害調整役を自認するモスクワと水面下で軍事戦略の擦り合わせ，調整を済ませていることだろう。2019 年 10 月下旬にはトルコのエルドアン大統領がロシア黒海沿岸の保養地ソチに飛び，プーチン大統領と会談，SDF 退去やロシア，トルコ両国による共同パトロールを条件に停戦で合意，支配地域の仕分けについて話し合った模様である[50]。

　また，2020 年 2 月 4 日の電話協議に引き続いて[51]，同年 3 月 5 日にはモスクワでエルドアン大統領とプーチン大統領が会談，イドリブ県の事態収拾について協議している[52]。エルドアン大統領は終始，攻撃的で，ロシアに停戦や過激派の武装解除など義務を果たせと要求している[53]。

　首脳会談では停戦に合意し，緊張緩和を演出したものの，トルコとロシアは真の友好関係にないことから[54]，長期的な停戦が実現できるかは，なお不透明な情勢となっている。アンカラ側はイドリブ県を非武装緩衝地帯（DMZ）として安定させ，停戦監視を「錦の御旗」に掲げ，事実上の支配下に置きたい。シリア分割統治という確かな果実を手中に収めたいのである。失敗すれば，トルコはイドリブ県から撤退せざるを得ない。

　停戦合意が遵守されるわけもなく，停戦は有名無実化している[55]。当然，被害者は続出，戦禍に脅える日々が続く。人道的な救済は一切，無視され，深

刻な惨状を招いている[56]。プーチン政権はイドリブ県空爆の関与を否定するが，国連はロシア軍による攻撃は明らかだとしてロシアを非難，戦争犯罪だと報告している[57]。

流動化する難民問題

　トルコ政府はシリア難民の欧州移動・流出を容認する方針に転じている[58]。トルコに難民を受け入れるメリットが乏しいうえ，欧州諸国は難民の越境を拒むだけで，有効な対策を講じていないからである[59]。

　対する欧州側はシリア北東部の人道支援策（6,000 万ユーロ）を決め，トルコの負担軽減に協力する方針を打ち出したが，シリア難民の流入自体は抑制したい[60]。一方，トルコ側は猛反対，シリア難民のトルコ定住化が定着し，国民が反発するからだ[61]。

　2020 年 3 月 9 日，エルドアン大統領は欧州連合（EU）本部があるブリュッセルに飛び，EU のミシェル大統領とフォンデアライエン欧州委員長と会談，資金援助に向けて交渉した[62]。しかし，EU 側は一定の理解を示したものの，難民の流入阻止をトルコに要請するだけで，積極的な関与に距離を置く。

　エルドアン大統領はアサド政権による虐殺を食い止めようと[63]，シリア北西部イドリブ県を舞台とする，本格的な軍事介入の姿勢を崩していないけれども，その軍事オプションは限られている[64]。アサド政権軍に犠牲者が発生しているが，トルコ軍側も軍事介入後，最大の悲劇に見舞われている[65]。

トルコリラ暴落の衝撃

　シリア情勢が緊迫し，新型コロナウイルスのパンデミック（世界的大流行）に伴って，通貨トルコリラの下落圧力は強まる一方である。トルコリラは歴史的な下落局面に入っている[66]。2018 年 8 月に起きた「トルコ・ショック」は他の新興国を巻き込み，通貨危機を招いた。市場では「トルコ・ショック」の再来が懸念されている。

　トルコ中央銀行は主要な政策金利を 10.25％まで引き下げることを決定（そ

の後，政策金利は 19.00％に引き上げ），トルコリラは大暴落，史上最安値圏で推移した（利上げで通貨リラは急上昇）[67]。足元の物価上昇率はすでに 17.5％（2021年6月）に達しており，一時期，金利水準を上回っていた [68]。つまり実質金利はマイナスに沈んでいた。

　現段階でも優遇ローン金利は実質的にマイナス金利である。インフレが顕在化すれば，消費や企業活動は長期低迷する。公表されている失業率は 13％だが，実際には 25％に達するという。

　通貨安がさらなる輸入インフレを誘発，加速させる事態に発展すると，トルコ経済は急速に収縮していく恐れがある。そうなると，エルドアン大統領が描く景気回復という思惑とは裏腹に，大統領が執着する利下げがトルコ経済の「仇」となる可能性は否定できない。

　また，新型コロナウイルスの感染拡大で年間 5,000 万人が訪れる観光業界は悲鳴を上げる。観光業はサービス収入の9割を占め，トルコ経済全体にとっても貴重な外貨収入源となる [69]。

　資金流出に拍車がかかれば，経常収支の黒字化は遠のく。トルコの外貨準備金は 2020 年8月7日時点で 387 億ドル，短期対外債務 1,690 億ドルの4分の1にとどまっている。米ドル買い介入を続けても，資金流出を防げないでいる [70]。ドル買い介入を続けた結果，外貨準備金が激減。ある試算によると，トルコ中央銀行の対外純資産はマイナス 600 億ドルに達するという。巨額の資産が喪失した模様である。その一方で，トルコリラ相場は歴史的低水準から脱却できない [71]。

　カタールとの通貨スワップ協定の規模は従来の 50 億ドルから 150 億ドルに拡大されている [72]。しかし，トルコの金融監督当局は欧米の金融機関に対してトルコリラの取引禁止を命じ，トルコリラ市場から事実上締め出した。

　2020 年の経済成長率は対前年比で 1.8％増のプラス成長を記録できた模様だが，エルドアン政権は通貨リラ防衛，金融市場のコントロールに失敗したとの烙印を押されると，外国人投資家は一斉にマネーを引き揚げてしまう [73]。通貨下落に拍車がかかり，悪循環を引き起こす。

　この悪循環を断ち切り，トルコ経済を救済するためには，IMF の緊急支援
が必要となる。にもかかわらず，IMF に頭を下げることを嫌ってか，あるい
は引き締め政策が強要されることを嫌ってか，エルドアン政権は IMF の金融
支援を拒んでいる[74]。

　トルコでは中央銀行総裁と財務相が相次いで退任，新たに就任したアーバル
総裁は金融引き締めへと政策を大転換した。インフレ率の抑制を優先した格好
だ。この政策転換を市場は評価，トルコリラは急回復した。

　ところが，エルドアン大統領は市場で評価が高かったアーバル総裁を更迭，
新総裁には金融引き締めを批判していた，エコノミストのカブジュオール氏が
就任した。利下げが断行されるのは確実となった。案の定，外国為替市場は動
揺，利下げ観測が広がり，投資家はトルコリラ売りで反応した。イスタンブー
ル証券取引所も乱気流に巻き込まれ，株価下落に見舞われている。カブジュ
オール新総裁が金融引き締めは必要だと口先介入したものの，投資家は無視，
一斉に資金を引き揚げていることがわかる。

　中央銀行の独立性を維持し，利下げ圧力を跳ね除けることはできるか。エル
ドアン大統領は新憲法の策定に意欲を示す。金利もインフレ率も同時に１桁台
に引き下げると主張するエルドアン大統領が再度，景気回復を急ぎ，利下げ圧
力を強めると，通貨は再び，下落基調を辿る。

失策続いたトランプ前政権

　シリア撤収を急ぐ米国はトルコのロシア接近を容認，間接的にロシアのシリ
ア支配を助長してしまった。モスクワの影響力は格段に強化されてきた[75]。
米軍は今なお，トルコ南部のインジルリク空軍基地をイランや IS 抑止機能の
拠点として活用するけれども，トルコも加盟する NATO の結束は揺らぐ。ト
ルコはすでに欧州世界を見切り，独自外交に転換している。

　ソレイマニ司令官は IS 掃討に力を尽くしてきた。にもかかわらず，トラン
プ前大統領はソレイマニ司令官をピンポイントの暗殺標的とした。明らかに矛
盾するが，IS を徹底的に壊滅したい米国にとって，インジルリク空軍基地や

イラクに駐留する米軍部隊は必要不可欠な存在である。その双方を失う危機にホワイトハウスは直面している。

　最悪の場合，IS が息を吹き返すこともあり得る。実際，IS は新たな最高指導者に創設メンバーのアミル・サルビ氏を選出，体制の立て直しを急いでいる [76)]。

モスクワの影響力浸透

　漁夫の利を得るのはロシアである。欧米諸国はロシアの脅威に警戒を強めると同時に，中東情勢をめぐってロシアと向き合わざるを得なくなった。ロシアは米同盟国のイスラエルやサウジアラビアとも関係強化に動いてきた。

　サウジアラビアとは石油政策で調整，原油減産で協調する。2019 年 10 月にはプーチン大統領がサウジアラビアを訪問，サルマン国王は会談に応じた。バイデン新政権の対イスラエル政策は今もって明白でないが，トランプ前政権時代のような蜜月的関係を築こうとはしないだろう。バイデン大統領はサウジアラビアにも手厳しい。米国内のユダヤロビーには目配せするものの，イスラエルやサウジアラビアを特別扱いせず，中東和平を前進させようとするだろう。

　ドイツのメルケル首相は 2020 年 1 月 11 日，急遽，モスクワを訪問，プーチン大統領と会談した [77)]。米国が勝手に離脱したイラン核合意を堅持することで一致，欧州とロシアとが連携して中東問題に対処する構えを打ち出している。加えて，シリア，リビアの内戦についても協議，リビアをめぐる国際会議をドイツの首都ベルリンで開催することで合意していた。

　いずれにせよ，中東各地で発生するさまざまな戦闘は新たなステージへと移行している [78)]。アンカラは一貫してテロリストとみなすクルド系民族を敵視してきた。イラン，イラク，トルコ，シリアをまたいで散らばるクルド系勢力（3,000 万〜 4,000 万人）が独立国家を樹立しようとする芽をトルコは早期に摘んでおきたい。

　また，トルコはシリア難民の受け皿機能を放棄，難民の国外流出を黙認する姿勢を強めて，拘束する IS 戦闘員を出身国に送還している [79)]。

　イエメン内戦でも体制側をサウジアラビアが支援する一方，イランはフーシに肩入れし，対イエメン関与を深める。明らかに現在，イエメンはイランとサウジアラビアとによる代理戦争の戦場と化している。地中海に面するリビアでも多くのファクターが複雑に絡み合ってきた。

C. リビア内戦とロシア

　長年にわたってリビアで独裁者として君臨，米国打倒を声高に叫んでいた，カダフィ大佐が 2011 年に殺害され，政権が崩壊した。その後，2014 年に皮肉にもリビアは東西に分裂，内戦状態に陥った。

リビア内戦の構図

　東部地域ではベンガジを拠点として，ハリファ・ハフタル司令官が有力武装組織「リビア国民軍（LNA）」を率いる[80]。西部地域では首都トリポリを本拠に，国連が認めるシラージュ暫定政権が統治する。ただ，現状では，LNA 側が武力や支配地域の広さで圧倒，常に優勢を保つ。結果，シラージュ暫定政権が支配する地域は狭まる一方となっていた。

　その後，統一政権への機運が高まり，対立する東西の政治勢力が暫定統治を担う評議会が発足，暫定統治が始動している。ただ，すべての複雑な政治問題が解決されたわけではなく，予定される総選挙と大統領選挙が実現するかどうかは依然として不透明である。リビア内戦の再発は大いにあり得る。

　人口 650 万人のうち 97％がアラブ人だが，リビアの東部と西部にはそれぞれ異なる部族，民族が居住。対立の種はカダフィ政権時代から存在した。これを封印したのはカダフィ独裁だった。

　内戦では LNA 側が常に優勢で，トリポリと西部地域に点在する油田の奪取を目指して，攻勢を仕掛けた。暫定政権は守勢に回らざるを得なかった。世界中の眼がイラン危機に注がれていたため，リビア内戦は国際社会に無視されてきたが，空爆は断続的に続けられてきたのである[81]。

　戦禍から命を守るために，多数のリビア市民が国外に脱出，避難を余儀なく

された。リビアは欧州脱出を目論む難民や移民の密航拠点としての役割を担う。一方，欧州側はリビア難民の流入を阻止するとともに，戦闘員の密航や対リビア武器密輸を阻みたい[82]。具体的にはEUの新たな任務として，空，海，宇宙から監視する[83]。

　東西対立をさらに複雑化した原因は，あらゆるプレーヤーが，あらゆる思惑でリビアに接近，私利私欲を剥き出しにして，現地の勢力に加担していることにある。LNAを支援する国家群はロシアを筆頭にエジプト，UAE，サウジアラビア，フランスである。他方，暫定政権を支える国はトルコに加えて，カタールや旧宗主国のイタリアも群がる[84]。

　リビアを戦場とする典型的な代理戦争の様相を呈している[85]。しかもNATO加盟国が両勢力に加担しており，正面衝突する異常事態となっている[86]。フランス，ドイツ，イタリアは武器禁輸に違反した国に制裁を科すと警告するけれども[87]，フランスがLNA，イタリアやトルコが暫定政権をそれぞれ支える構図では説得力を欠く。

　ロシアはと言うと，プーチン大統領に近い民間軍事企業「ワグネル・グループ」が多数の傭兵（200人）をLNAに投入している[88]。モスクワは最新鋭戦闘機もリビアに送り込み，LNAの軍事作戦を支援する[89]。ロシアの本格的な軍事介入が事態を複雑化，長期化していることは自明である[90]。

　トルコはアラブ諸国や欧州諸国との経済的結びつきを無視して，リビア参戦に打って出た[91]。結果として，リビア内戦はもはやリビア国内の要因でなく，外部勢力によって決定付けられる「国際紛争」に変質していた。国連はリビアを戦場とする「代理戦争」だと警告した[92]。

　トルコの内戦介入を契機として，停戦ムードが醸成されたが，対立の原因が解消したわけではない。2019年末，エルドアン大統領は暫定政権側の支援を目的として，リビアに派兵すると表明。トルコが主要プレーヤーとして急浮上，内戦は新たな局面を迎えた[93]。

　LNA側はアラブの問題だとして，トルコの関与に嫌悪感を抱く[94]。LNA側はトリポリ攻略を目論むが，暫定政権側はトリポリ近郊の空軍基地をLNAか

ら奪還するなど，ハフタル勢力の駆逐に奏功している[95]。

　それでも，ハフタル司令官はトリポリ占領を断念しないと息巻いた[96]。しかし，暫定政権側はLNAに攻勢をかけ，地中海沿いの要衝シルト奪還を進めている。リビア全土を掌握することは困難だが，トルコは徹底抗戦の構えを崩していなかった[97]。この膠着状態から脱却するために，統一政権構想が生まれた経緯がある。

　リビア暫定政権と後ろ盾のトルコを牽制すべく，エジプトも内戦に軍事介入する構えでいる[98]。従来からエジプトはLNAを支援してきたが，LNA側が劣勢に追い込まれる事態に危機感を強めるエジプトが介入姿勢を鮮明にした格好だ。

　LNAにとって戦略的要衝となるシルトが「レッドライン」だとエジプトは解釈する。しかし，リビア暫定政権側はリビア国内にレッドラインは存在しないとの立場を貫徹している[99]。

実利を手中に収めたトルコ

　内戦介入で手に入れたトルコの実利は大きい。エルドアン大統領はシラージュ暫定政権と交渉，地中海東部に広がる有力な油田・天然ガス田の権益保護で合意。合わせて，地中海に排他的経済水域（EEZ）を設定し，EEZの境界を定める協定をリビア暫定政権と締結している。トルコが東地中海の海洋権益に楔を打ち込んだ形だ。

　東地中海には有望なゾール天然ガス田（推定埋蔵量8,500億立方メートル）がある。この天然ガス田を開発し，天然ガスパイプラインを敷設して，ギリシャなど欧州諸国に天然ガスを供給する壮大な計画が立案されている。

　ただ，領海問題をめぐってトルコとギリシャが協議を再開しているものの，この東地中海海域ではトルコとギリシャ，キプロスなどとのEEZが画定していない。関係国すべてが海底に眠る天然ガス田の権益をめぐって，自国の主張を展開してきた経緯がある[100]。

　東地中海の天然ガスパイプライン（総延長1,900キロメートル）建設計画にはト

ルコと対立する，ギリシャ，イスラエル，キプロス，イタリアが参加する[101]。イスラエルとキプロスの沖合海底にある天然ガス田からギリシャ，イタリア経由で欧州諸国に天然ガスが輸出される予定となっている。

　トルコはこの計画ルートを阻止し，開発計画に参入したい。トルコは独自に東地中海の天然ガス田探査に着手した。この動きにフランスが猛反発，フランスのエネルギー大手トタル・エナジーズ（旧トタル）が保有する東地中海の天然ガス田権益を死守したい。トルコの介入でキプロス問題も複雑に絡まり，地中海を舞台とする新たなパワーゲームが巻き起こっている[102]。特に，宿命のライバル国である，ギリシャとトルコが軍事衝突する懸念は高まる一方である。

　他方，トルコは黒海海底（トルコの黒海沿岸から北100カイリ，水深2,100メートル，地中1,400メートル）で天然ガス田を発見したと発表している。この天然ガス田の埋蔵量は3,200億立方メートルでトルコとしては過去最大規模だという。

　トルコのエネルギー輸入額は2019年実績で410億ドルであるが，天然ガスの国内生産が進展すれば，エネルギー輸入の抑制に寄与できる。トルコは現在，エネルギー輸入をロシア，イラン，アゼルバイジャン，カタールなど周辺国に依存する[103]。

強まるトルコの存在感

　トルコのリビア内戦関与には，ロシアと向き合おうとする意図もあった。エルドアン大統領の戦術は奏功し，プーチン政権が交渉のテーブルに座る。中東世界で高まるトルコのプレゼンス。地中海から中東，果てはコーカサス（カフカス）地方，中央アジア地域に至るまで，トルコの影響力が格段に強まり，浸透する事態を招いている[104]。

　回復の兆しを見せているとは言え，巨額債務（1,700億ドル）を抱え，金融市場が不安定なことから，トルコは常に通貨リラ下落の恐怖に怯える。金融不安がスペインやフランスなど欧州を巻き込む事態となれば，欧州諸国も経済・金

融的打撃は避けられない。

　相次ぐ利上げによってトルコの実質金利はマイナス圏を脱したものの，物価上昇率は 15.6％に達する。金を除く外貨準備金はわずか 387 億ドル（2020 年 8 月時点）に過ぎない。IMF は 2020 年の経済成長率をマイナス 5％と予測していた[105]。

　中東の大国を目指し，オスマン帝国時代の栄華再興を標榜するエルドアン大統領だが，まずは経済基盤の強化を実現する必要がある。本来ならば，他国の内戦に干渉する経済的余裕はないはずだ。

　内戦参入の程度次第では，トルコの国力は消耗する。アルメニアが実効支配する係争地ナゴルノカラバフをめぐって，アゼルバイジャンとアルメニアが武力衝突。アゼルバイジャンを全面支援する方針を打ち出し，停戦後にも監視するための軍を派遣するなど深入りしている。

　コーカサス地方でのトルコのプレゼンスを強化するためだが，トルコが軍事介入していたことも通貨リラの売り圧力となっている。負担を強いられるのはトルコ市民であることを忘れてはなるまい。強権姿勢を強めるエルドアン体制に対する風当たりは弱くない[106]。

　人権問題に敏感な米国のバイデン政権もトルコのエルドアン大統領にとっては重石となる。犬猿の仲だったエジプトやイスラエルとの関係改善を急ぐのは孤立を回避するためである。エルドアン大統領の強硬姿勢がいつまで続くのか。本格転換に踏み切るのか。エルドアン政権の単独行動は常に危険と隣り合わせである。

産油国リビアの戦略的価値

　カダフィ政権時代，ロシアはリビアで資源権益を保有していた。ところが，カダフィ政権の崩壊が原因で権益をすべて喪失，リビア撤退を迫られた。内戦介入でクレムリンは失地回復を図りたい。リビア奪取に成功すれば，プーチン政権が描く地中海支配戦略は一歩，前進する。フランスやイタリアがリビアに接近する意図も資源権益の死守にある。

　リビアは世界有数の産油国であり，原油埋蔵量は 471 億バレルと堂々のアフリカ首位で世界第 10 位[107]。内戦の影響で産油量は低迷するが，2010 年には日量 165 万バレルの原油を産出していた。このうち同 150 万バレルが輸出されたという。

　ただ，現在，リビアの産油量は内戦や停電の影響でわずか日量 40 万バレル程度に激減し，さらなる落ち込みに直面する[108]。また，パイプラインの封鎖や事故，それに石油積出港の閉鎖も相次いで発生するなど最悪の状況だという[109]。

　リビア産原油の輸出は 2020 年 7 月中旬に再開されることになったものの，リビア国営石油会社（NOC）のトップはリビア内戦に多数の国が介入し，リビア産原油の国際市場復帰が阻まれていたと嘆く[110]。

　有望な油田はリビア東部中央に位置する。潜在力を秘めているものの，情勢が安定しない限り，原油生産量・輸出量の拡大は見込めない。外資系エネルギー大手は治安の回復を待って，本格投資したい。

リビア和平への道

　2020 年 1 月 8 日，プーチン大統領は電撃訪問したシリアからトルコに移動，金融・商業都市のイスタンブールを訪問して，エルドアン大統領との会談に臨んだ[111]。リビア内戦の各当事者に停戦を呼びかけ，事態は急展開。トルコ，ロシア双方は互いに歩み寄る形となった。

　2020 年 1 月 13 日，シラージュ暫定政権側と LNA の代表がモスクワで開催された和平協議に参加した[112]。だが，LNA 側は時間稼ぎのために停戦合意文書への署名を拒否，合意は見送られた[113]。その後も空爆が断続的に行われていた。トルコとロシアはともに，内戦後のリビアを見据えて，独自の影響力を強化しておきたい。リビア介入，支配を断念したわけではない[114]。

　2020 年 1 月 19 日，ドイツ，フランス，ロシア，トルコなど関係国の首脳はベルリンに参集，リビア和平に向けた国際会議が開かれた[115]。終了後，共同声明が発表され，本格的な停戦実現を目指す仕組みや武器禁輸の厳格化といった措置を進めていく方針が確認された。

　政治プロセスによって内戦は終結されるのか。国連が懸念するように [116]，予断を許さない状況が続いている。対リビア武器禁輸は安易に破られ，戦闘が再開，LNA は暫定政権を攻撃していた [117]。

ロシアにとってのトルコ

　ロシアの天然ガス独占体ガスプロムは黒海海底に敷設した天然ガスパイプライン「ブルー・ストリーム」を通じて，トルコに天然ガスを輸出してきた。ロシアの原子力独占体ロスアトムはトルコで原子力発電所建設に協力している。トルコ南部アックユの原子力発電所建設・運営もロスアトムが手がけている。ロシアにとっての主要外貨獲得源となる武器・兵器システム，原子炉，資源エネルギーのすべてを動員して，トルコとの関係強化に動いている。

　ロシアの原子力技術は世界でも傑出する。次世代原子炉の実用化は目前に迫り，ウラン燃料を米国に供給する。インドや中国には技術面で支援するなど，絶対的優位の地位を築き上げた。浮体式原子力発電所「海上原発」の航行にも着手した。

　ロシア製原子炉の総本山がロスアトム。2018 年 11 月には日本支社を新設している [118]。ロスアトムはロシア国策の原子力推進型巡航ミサイル「ブレウェストニク（スカイフォール）」の開発にも参画する [119]。

　ブルー・ストリームに加えて，ガスプロムは第二の天然ガスパイプラインとなる「トルコ・ストリーム」（総延長 930 キロメートル，送ガス能力は年間 315 億立方メートル）も 2020 年 1 月 8 日に稼働させた。エルドアン，プーチン両大統領が揃ってイスタンブールで催された稼動式典に出席している。ロシア産の天然ガスはこのパイプラインの延伸後，セルビアやブルガリアにも供給される [120]。

D. ロシアの狙い

　中東世界への影響力拡大を目論むモスクワの戦略的意図は明白だが，地政学的力学の思惑だけではない。クレムリンは経済的実利も追求したい。

　国際原油価格の動向はロシア経済の行方を大きく左右する。願わくは，高値

安定を図りたい。ロシアは石油輸出国機構（OPEC）に加盟していない一大産
油国である。従来，OPEC 非加盟であることの優位性を強調してきた。OPEC
独自の産油量割り当てという一種の「縛り」を嫌い，いわばフリーハンドで原
油増産に邁進してきた。

　ところが，原油価格は予想外に低迷をきわめる。そこでロシアは従来方針を
転換，OPEC の盟主サウジアラビアに接近して，原油価格の下支え策，すなわ
ち協調減産に協力する姿勢を打ち出す[121]。

　タブー視されてきた首脳陣による相互訪問の扉も開かれた。サウジアラビア
にとっても対米交渉力強化のため，「ロシア・カード」を確保することは有益
である。サウジアラビアにとって，何よりも国際石油政策ではロシアの協力が
欠かせない。

　2019 年 10 月中旬，プーチン大統領は 12 年ぶりにサウジアラビアを公式訪
問，サルマン国王，ムハンマド皇太子と会談した[122]。モスクワはリヤドと共
同で「経済評議会」を創設，協力関係の深化も視野に入れる[123]。

　両国の政府系ファンド（SWF）が 6 億ドルを投じて，航空機のリース会社を
設立すること，サウジアラビアの石油化学企業（SABIC）がロシア極東のエタ
ノール工場に投資することなども決められた。モスクワは地対空ミサイル
（SAM）を売り込むことにも余念がない。SAM システムはイランやトルコに納
入済みである[124]。

　2020 年 1 月 23 日，プーチン大統領はイスラエルを 7 年半ぶりに訪問，イス
ラエルのネタニヤフ首相，パレスチナのアッバス議長と会談している[125]。こ
れまで中東和平を取り仕切ってきたワシントンは，トランプ前政権の誕生直後
から露骨なイスラエル寄りに固執する。ここにモスクワが割って入り，新たな
調停役としての役割を果たしたい。もってワシントンに取って代わりたい。

　加えて，ロシアは潤沢なオイルマネーに恵まれる中東諸国から投資を呼び込
み，制裁で低迷する経済の起爆剤としたい。ペルシャ湾岸産油国では SWF が
大活躍する。そして，ロシアが得意とする外貨獲得源である武器・兵器，原子
炉，非鉄金属，穀物などを売り込みたい。クレムリンは中東の安定には興味を

示さない。あくまでも実利の追求，地政学的利益の確保がモスクワにとっての最大関心事である。

　ロシアにはチャイナマネーが流入，中国資本に依存する構図が浮き彫りとなっている。北京が推進する広域経済圏構想「一帯一路」にも参画し，中露関係はより重層的な様相を帯びてきた。だが，中国一辺倒にはリスクを伴う。このリスクを分散すべく，活用されるのが中東マネー。その有効性はいまだ未知数だが，長期的にはロシアにとって必要不可欠な存在となるかもしれない。

【注】

1）『日本経済新聞』2020 年 1 月 4 日号。

2）『日本経済新聞』2020 年 2 月 24 日号。

3）『日本経済新聞』2020 年 3 月 14 日号。

4）『日本経済新聞』2020 年 1 月 5 日号。

5）『日本経済新聞』2019 年 10 月 13 日号。

6）『日本経済新聞』2020 年 1 月 6 日号。『日本経済新聞』2020 年 1 月 9 日号。

7）『日本経済新聞』2020 年 1 月 9 日号。

8）*Financial Times*, July 1, 2019.

9）『日本経済新聞』2020 年 2 月 13 日号。『日本経済新聞』2020 年 11 月 3 日号。『ペトロテック』2021 年 3 月号，153-158 ページ。*Financial Times*, March 18, 2021.

10）『日本経済新聞』2020 年 1 月 7 日号。『日本経済新聞』2020 年 4 月 15 日号。『日本経済新聞』2020 年 9 月 2 日号。『日本経済新聞』2020 年 11 月 3 日号。

11）『日本経済新聞』2021 年 1 月 28 日号。*Financial Times*, January 3, 2020. *Financial Times*, January 24, 2020.

12）*Financial Times*, November 16, 17, 2019.

13）『日本経済新聞』2019 年 8 月 22 日号。

14）*Financial Times*, October 14, 2019.

15）『日本経済新聞』2020 年 1 月 16 日号。*Financial Times*, January 16, 2020. *Financial Times*, January 15, 2020. 『日本経済新聞』2021 年 4 月 14 日号。『日本経済新聞』2021 年 4 月 16 日号。*Financial Times*, April 16, 2021. 『日本経済新聞』2021 年 4 月 24 日号。『日本経済新聞』2021 年 4 月 27 日号。『日本経済新聞』2021 年 5 月 8 日号。

16）『日本経済新聞』2020 年 1 月 21 日号。『日本経済新聞』2021 年 1 月 5 日号。『日本経済
新聞』2021 年 2 月 9 日号。『日本経済新聞』2021 年 2 月 24 日号。

17）『日本経済新聞』2020 年 1 月 18 日号。

18）『日本経済新聞』2020 年 1 月 10 日号。

19）*Financial Times*, January 9, 2020. *Financial Times*, March 6, 7, 2021.

20）*Financial Times*, January 7, 2020.

21）『日本経済新聞』2020 年 1 月 8 日号。

22）*Financial Times*, January 10, 2020.

23）『ペトロテック』第 41 巻第 10 号，2018 年，803-809 ページ。

24）*Financial Times*, January 7, 2020.

25）*Financial Times*, February 26, 2020.

26）*Financial Times*, February 29, March 1, 2020.

27）*Financial Times*, December 28, 29, 2019.

28）『日本経済新聞』2019 年 12 月 27 日号。

29）『日本経済新聞』2020 年 1 月 11 日号。

30）『日本経済新聞』2020 年 1 月 22 日号。

31）『日本経済新聞』2021 年 3 月 28 日号。『日本経済新聞』2021 年 4 月 1 日号。

32）*Financial Times*, January 6, 2020.

33）『日本経済新聞』2020 年 1 月 11 日号。*Financial Times*, January 11, 12, 2020.

34）『日本経済新聞』2020 年 1 月 14 日号。

35）『日本経済新聞』2020 年 3 月 13 日号。

36）『日本経済新聞』2020 年 3 月 14 日号。

37）『日本経済新聞』2020 年 3 月 20 日号。*Financial Times*, March 11, 2021. *Financial Times*,
March 13, 14, 2021. *Financial Times*, March 23, 2021.

38）*Financial Times*, January 4, 5, 2020.

39）*Financial Times*, January 11, 12, 2020.

40）『日本経済新聞』2019 年 9 月 18 日号。『日本経済新聞』2021 年 3 月 16 日号。

41）*Financial Times*, January 21, 2020.

42）『日本経済新聞』2020 年 1 月 8 日号。

43）*Financial Times*, September 2, 2019.

44）*Financial Times*, November 12, 2019.

45）『日本経済新聞』2020 年 1 月 9 日号。

46）*Financial Times*, October 17, 2019. *Financial Times*, February 27, 28, 2021.

47）『日本経済新聞』2020 年 2 月 18 日号。

48）*Financial Times*, February 21, 2020.

49）*Financial Times*, February 4, 2020.

50）*Financial Times*, October 23, 2019.

51）『日本経済新聞』2020 年 2 月 5 日号。

52）『日本経済新聞』2020 年 3 月 6 日号。*Financial Times*, March 6, 2020.

53）『日本経済新聞』2020 年 2 月 5 日号。

54）*Financial Times*, February 6, 2020.

55）『日本経済新聞』2020 年 1 月 17 日号。

56）*Financial Times*, February 17, 2020.

57）*Financial Times*, March 3, 2020.

58）『日本経済新聞』2020 年 2 月 29 日号。

59）『日本経済新聞』2020 年 3 月 4 日号。*Financial Times*, March 5, 2020.

60）『日本経済新聞』2020 年 3 月 7 日号。

61）『日本経済新聞』2020 年 4 月 1 号。

62）『日本経済新聞』2020 年 3 月 11 日号。

63）*Financial Times*, March 2, 2020.

64）*Financial Times*, February 28, 2020.

65）*Financial Times*, February 29, March 1, 2020.

66）*Financial Times*, June 25, 2020.

67）*Financial Times*, October 23, 2020.『日本経済新聞』2020 年 11 月 20 日号。『日本経済新聞』2020 年 12 月 25 日号。『日本経済新聞』2021 年 4 月 16 日号。

68）『日本経済新聞』2021 年 2 月 17 日号。『日本経済新聞』2021 年 7 月 9 日号。*Financial Times*, March 13, 14, 2021. *Financial Times*, April 6, 2021.

69）『日本経済新聞』2020 年 6 月 8 日号。

70）『日本経済新聞』2020 年 4 月 23 日号。『日本経済新聞』2020 年 8 月 20 日号。『日本経済新聞』2020 年 10 月 6 日号。

71）*Financial Times*, May 1, 2020. *Financial Times*, April 23, 2021.

72）*Financial Times*, May 21, 2020.

73）*Financial Times*, February 21, 2020.『日本経済新聞』2021 年 3 月 2 日号。

74）*Financial Times*, May 28, 2020.『日本経済新聞』2021 年 2 月 3 日号。『日本経済新聞』2021 年 3 月 19 日号。*Financial Times*, March 19, 2021.『日本経済新聞』2021 年 3 月 21 日号。『日本経済新聞』2021 年 3 月 22 日号。*Financial Times*, March 22, 2021. 『日本経済新

聞』2021 年 3 月 23 日号。*Financial Times*, March 23, 2021. *Financial Times*, March 24, 2021. *Financial Times*, March 27, 28, 2021. *Financial Times*, March 31, 2021. 『日本経済新聞』2021 年 4 月 1 日号。*Financial Times*, April 8, 2021. *Financial Times*, April 16, 2021.

75）*Financial Times*, March 4, 2020.

76）『日本経済新聞』2020 年 1 月 22 日号。

77）『日本経済新聞』2020 年 1 月 13 日号。

78）*Financial Times*, October 24, 2019.

79）『日本経済新聞』2019 年 11 月 13 日号。

80）*Financial Times*, January 28, 2020. 『日本経済新聞』2021 年 2 月 9 日号。*Financial Times*, March 16, 2021.

81）*Financial Times*, January 6, 2020. *Financial Times*, November 18, 2019.

82）『日本経済新聞』2020 年 2 月 20 日号。

83）『日本経済新聞』2020 年 2 月 18 日号。

84）『日本経済新聞』2019 年 12 月 27 日号。

85）*Financial Times*, December 21, 22, 2019.

86）*Financial Times*, July 7, 2020.

87）『日本経済新聞』2020 年 7 月 20 日号。

88）『日本経済新聞』2020 年 1 月 21 日号。『選択』2020 年 1 月号，22 ページ。

89）*Financial Times*, May 28, 2020.

90）*Financial Times*, May 22, 2020.

91）*Financial Times*, January 28, 2020.

92）*Financial Times*, July 28, 2020.

93）*Financial Times*, January 3, 2020. *Financial Times*, December 27, 2019. *Financial Times*, December 20, 2019.

94）*Financial Times*, February 26, 2020.

95）*Financial Times*, June 6, 7, 2020. 『日本経済新聞』2020 年 6 月 4 日号。

96）*Financial Times*, June 3, 2020.

97）『日本経済新聞』2020 年 6 月 18 日号。

98）*Financial Times*, July 22, 2020.

99）『日本経済新聞』2020 年 6 月 22 日号。『日本経済新聞』2020 年 6 月 23 日号。*Financial Times*, July 15, 2020.

100）『日本経済新聞』2020 年 8 月 27 日号。*Financial Times*, August 27, 2020. 『日本経済新聞』2021 年 1 月 27 日号。

101）『日本経済新聞』2020 年 2 月 4 日号。

102）*Financial Times*, July 20, 2020. *Financial Times*, September 9, 2020. 『日本経済新聞』2020 年 9 月 23 日号。『日本経済新聞』2020 年 10 月 15 日号。

103）『日本経済新聞』2020 年 8 月 22 日号。*Financial Times*, August 22, 23, 2020.

104）*Financial Times*, October 27, 2020.

105）『日本経済新聞』2020 年 8 月 20 日号。『日本経済新聞』2020 年 9 月 25 日号。『日本経済新聞』2020 年 10 月 6 日号。*Financial Times*, September 25, 2020. 『日本経済新聞』2020 年 12 月 1 日号。

106）*Financial Times*, September 26, 2019. 『日本経済新聞』2020 年 9 月 30 日号。*Financial Times*, February 13, 14, 2021. 『日本経済新聞』2021 年 3 月 18 日号。

107）『ペトロテック』第 42 巻第 8 号，2019 年，577-582 ページ。

108）*Financial Times*, January 23, 2020.

109）『日本経済新聞』2020 年 1 月 21 日号。

110）*Financial Times*, July 6, 2020. *Financial Times*, July 11, 12, 2020.

111）『日本経済新聞』2020 年 1 月 10 日号。

112）『日本経済新聞』2020 年 1 月 14 日号。

113）*Financial Times*, January 15, 2020. 『日本経済新聞』2020 年 1 月 15 日号。*Financial Times*, January 14, 2020.

114）*Financial Times*, January 9, 2020.

115）『日本経済新聞』2020 年 1 月 20 日号。*Financial Times*, January 20, 2020.

116）*Financial Times*, February 17, 2020.

117）『日本経済新聞』2020 年 1 月 28 日号。

118）『日本経済新聞』2020 年 1 月 20 日号。

119）『日本経済新聞』2019 年 10 月 1 日号。『日本経済新聞』2021 年 3 月 17 日号。

120）『日本経済新聞』2020 年 1 月 9 日号。

121）*Financial Times*, December 3, 2019.

122）『日本経済新聞』2019 年 11 月 1 日号。

123）『日本経済新聞』2019 年 10 月 28 日号。

124）『日本経済新聞』2019 年 10 月 16 日号。

125）『日本経済新聞』2020 年 1 月 25 日号。

第 III 章

グローバル化する
クレムリン外交

1．中露対米共闘は本物か

高まるロシア・中国の軍事的脅威

　2019年9月中旬，ロシアと中国はロシア南西部オレンブルク州で2年連続となる大規模軍事演習「中部2019」を実施した[1]。オレンブルク州はカザフスタン国境に接する。中国人民解放軍からは兵士1,600人，各種武器・装備300点，飛行機とヘリコプター合計30機近くが参加した。中露両国は2018年9月にも軍事演習「ボストーク（東方）2018」を実施している。

　北京は「核心的利益」として位置づける，台湾海峡，東シナ海，南シナ海の有事の際にはロシアを巻き込みたい。習近平国家主席は「強軍路線」を掲げ，「世界一流の軍隊」を誇示したい[2]。

　2019年7月には島根県・竹島周辺の上空にロシアと中国の軍用機が侵入，共同巡回飛行を強行して日本に揺さぶりを仕かけている。ロシアと中国が軍事面の連携を強めている今，中露，北朝鮮が日本包囲網を構築する姿が鮮明となってきた。日本の安全保障が脅かされる客観的情勢である。

　米露中距離核戦力（INF）廃棄条約は2019年に失効したことを好機と捉えて，米国もロシアも中距離ミサイル配備に力を入れる[3]。クレムリン（ロシア大統領府）はさらに，極超音速ミサイル「アバンガルド」といった新型兵器の配備も急ぐ。

　モスクワは事あるごとに，日米同盟を分断しようと東京に圧力をかける。北京の手法もロシアと酷似する。中露両国はミサイル警戒システムを共同で打ち立てようと動く。もって東アジア地域での地政学的影響力を強化したい。

　中露両国による「戦略的パートナーシップ」は徐々に強化されてきている。ロシアが兵器の共同生産を中国に呼びかけるなか，中露軍事技術協力は新たな段階に入った。ロシア側は敵のミサイル攻撃を探知する早期警戒システムの構築で中国側を支援する。

　中露のパートナーシップは月面基地の建設協力といった宇宙分野の協業にま

で踏み込んでいる。月面探査で中露両国が協力することを通じて，米国の「アルテミス計画」に対抗する[4]。中国の習近平指導部は米国，ロシアに次ぐ「宇宙強国」となる長期目標を掲げる。

　その一方で，ロシアも有人宇宙飛行の主導権維持を唱え，月など太陽系の探査に意欲を示す。そのうえで国産ロケット「アンガラ」を開発，有人での打ち上げを 2023 年に計画している[5]。

　ロシアの軍事技術と中国のハイテク開発能力とが融合すれば，日本にとっての脅威となることは間違いがない。北朝鮮に加えて，ロシアも中国も日本の仮想敵国であることは論を待たない。

中露共闘を危険視するワシントン

　バイデン米政権は中国共産党を攻撃対象に据え，日本，英国，欧州，カナダなど同盟国とともに中国と対抗する姿勢を強めている。イデオロギー，体制，軍事，ハイテク分野など対決する分野に暇はない。対する北京も負けていない。強権国家，独裁国家を味方に対米強硬姿勢を貫徹する。

　ロシアのラブロフ外相が 2021 年 3 月 22 日に訪中し，中国の王毅国務委員兼外相と中国南西部の広西チワン族自治州桂市で会談した[6]。そこでは米国主導のグループ形成に反対する方針が確認されている。

　同時に，中国の習近平国家主席は北朝鮮の金正恩総書記に団結を呼びかけている。北朝鮮にも対米共闘を求めた格好だ。早晩，イランなど反米国家も群がることになる。所詮は弱者連合，超大国の米国に太刀打ちできない。

　とは言え，日本が日米安全保障条約のみに安住できる時代は終わった。日本の政府と国民は米国と連携しながらも，日本独自の次世代国家防衛戦略を打ち出す必要性に迫られている。言うまでもなく，防衛体制をさらに強化していくことが喫緊の課題となっている。そのためには，まずは日本国民に覚悟と決意が求められる。

深まるロシアと中国の経済関係

貿　易

　中露の貿易総額は 2018 年，1,000 億ドルを突破，2024 年までに倍増の 2,000 億ドルを目指す方針で両国政府は一致している[7]。両国間の貿易では人民元建て決済も増加，全体の 15％を占める規模に膨らんでいる[8]。これに大きく寄与すると期待される取引がロシア産の原油と天然ガスの対中国輸出である。天然ガスに先行して，戦略物資である原油は 2011 年にロシアから中国に陸上パイプラインで供給されてきた。

　資源エネルギーを主柱として，中露両国による経済関係は重層化している。将来的な戦略的パートナーシップを念頭に，ロシアから中国への資源エネルギー分野の輸出拡大へ向けた動きが活発化してきた。

投　資

　ロシア極東・炭鉱大手のエリガ石炭は中国の海上輸送大手・福建国航遠洋運輸集団と製鉄用の石炭を中国に輸出する合弁会社の設立で合意。エリガ石炭は 3,000 万トン（2019 年実績でロシアの対中国石炭輸出量は 3,300 万トン）に及ぶ石炭を輸出する計画である[9]。オーストラリア産，米国産に代わって，ロシア産の石炭が中国による輸入石炭の中核的存在となる。

　ロシアの石油化学大手シブールはアムールガス化学工場（ロシア極東）の株式 40％を中国石油化工集団（シノペック）に譲渡，工場建設が本格化する。合成樹脂のポリプロピレンなどを生産，大半が中国に輸出される。

資　源

　対中輸出向けの天然ガスパイプライン「シベリアの力」も稼働する運びとなった。2019 年 12 月 2 日に挙行された稼働式典にはプーチン大統領と習近平国家主席がテレビ中継で参加した[10]。建設費 680 億ドルを負担したのはロシア側である[11]。

　天然ガスの年間輸送能力は 380 億立方メートルで，中国天然ガス輸入の 2 割

に匹敵する規模である。この「シベリアの力」パイプラインは延伸され，東シベリアにある巨大なコビクタ天然ガス田と結ばれる。

　また，「シベリアの力」に引き続いて，モンゴルを経由する「シベリアの力2」の建設も検討されている[12]。事業化調査（FS）はすでに開始され，ロシア産天然ガスの年間送ガス能力は「シベリアの力」を上回る，最大で500億立方メートルが見込まれている[13]。

　2国間をつなぐパイプラインの場合，受け入れ国の立場が強くなる。価格交渉権を握るうえ，いつでも受け入れ停止を通告できるからだ。投資リスクはロシア側にある。ロシア天然ガス独占体ガスプロムは主力輸出先の欧州やトルコでもマーケット・シェア（市場占有率）を優先，低価格販売を余儀なくされている。

　ロシア領内の天然ガスパイプライン・シベリアの力を建設した企業はガスプロム。東シベリアの天然ガス田から中国北東部を結ぶ，総延長 3,200 キロメートルのパイプラインで，中国石油天然ガス（CNPC）が敷設した，中国領内のパイプラインと接続された。2024 年に本格稼働する。既述のとおり，送ガス能力は年間 380 億立方メートルと，中国の年間輸入量の2割に匹敵する規模となる。ロシア側が譲歩する形で「中露エネルギー同盟」が名実ともに結実した格好となっている。合わせて，中国はロシア製の原子力発電所を新増設する。

軍　事

　集団的自衛権は否定しつつも，中露両国は異次元のステップにまで踏み込もうとしている。中国はロシアの最新鋭第4世代戦闘機「スホイ 35」を導入している。資源大国ロシアと世界屈指の資源消費国・中国とは相互補完関係にある。米中対立の長期化と深刻化は不可避であり，勢い，中国のエネルギー安全保障はロシアに依拠せざるを得ない。

　経済分野で実力を発揮したい中国，軍事分野で主導権を掌握したいロシア。双方の思惑は異なるが，米国に共同して対抗しようとする姿勢には相通じる領域がある。権益や利害が衝突しない限り，中露関係は深化を試すだろう。

　ただ，ロシア，中国双方とも警戒心を完全に解いたわけではない。表向きは対米共闘姿勢を示しながらも，互いに腹の底を探る。結果として，是々非々の対米共闘という色彩を帯びることになる。

　中国を震源地とする新型コロナウイルスが世界中に拡散した際，ロシアは逸早く，4,000キロメートル以上にのぼる国境を封鎖して，中国人の入国を厳しく取り締まった[14]。チャイナマネーに依存し，年間231万人（2019年実績）の中国人を受け入れてきたロシアだが，中国人の受け入れをシャットアウトした[15]。モスクワの中国に対する本音を如実に示しているが，チャイナマネーに頼っていたロシアだけに，その経済的損失は軽視できない。

揺るぎないロシア・インド関係

　モスクワはインドとも戦略的パートナー関係を模索する。プーチン大統領は2019年9月4日，ロシア極東のウラジオストクでインドのモディ首相と会談，共同声明を発表した[16]。インドはロシアの伝統的な友好国の一つだが，ロシア外交はアジアをより重要視するようになってきた。

　インドとロシアの貿易はお世辞にも活発とは言えない。そこで共同声明には貿易総額を現状の年間110億ドルから2025年までに同300億ドルに引き上げることが盛り込まれた。インドのエネルギー需要は旺盛である。両国には相互補完関係が成立する。そのほかに航空機の共同生産や軍事技術協力計画が検討されることになった。

　ロシアがインドに地対空ミサイル防衛システム「S400」を2021年までに納入（5基で総額54億ドル）するなど，世界第2位の武器輸入国であるインドはロシアから武器・兵器を大量購入する[17]。「S400」導入に向けて，インド軍はロシアに要員を派遣，操作方法の演習を実施する。過去3年間で150億ドルの武器・兵器をロシア側が受注している[18]。ロシアはインド防衛装備品の65％を供給する。インドは中国に対抗するために，軍備増強を急いでいる。

　ロシアはまた，インド向けのロシア製自動小銃「カラシニコフ」の共同生産も2020年に開始。ロシア製戦車460両もインドで現地生産される。インドの

2019 年度国防予算は 700 億ドルで対前年度比 5％増となっている [19]。

　2021 年 4 月 28 日，インドのモディ首相はロシアのプーチン大統領と新型コロナウイルス対策で緊急電話会談に臨んだ。ロシア産ワクチン「スプートニク V」をインドで製造することを確認したほか，外務・防衛担当閣僚協議（2 プラス 2）を新設することでも合意した [20]。インドにとっては中国を牽制する意義がある。

武器・兵器輸出に熱心なモスクワ

　ロシアは東南アジア諸国への武器・兵器輸出にも熱を入れる。

　ロシア製戦闘機「スホイ 35」を次期主力戦闘機とするインドネシアは，ロシアから合計 11 億ドル相当のスホイ 35 戦闘機 11 機を調達する契約を 2018 年に締結している。代金の半分はパーム油やゴムといった現物で賄われる。

　ロシアにはまた，ラオスに 2020 年 1 月に戦車などを引き渡し，潜水艦などを輸出した実績がある。ベトナムとは軍事協力を確認している。シンガポールはロシアが主導する「ユーラシア経済同盟」と自由貿易協定（FTA）を結んでいる。南シナ海問題で中国と対立を深めるフィリピンはロシアに急接近，新型コロナウイルスのロシア製ワクチン「スプートニク V」を調達する。ドゥテルテ大統領はプーチン大統領と電話協議し，フィリピンへ招待したいと述べている。プーチン大統領としては，これを突破口にロシア製の武器・兵器も売り込みたい。

　軍事クーデターで大きく揺らぐミャンマーの国軍もロシアから戦闘機など多くの兵器を調達している。ミャンマー，ロシア両国は 2016 年に軍事協力協定を締結，ロシアが積極的に軍用装備品を輸出してきた。クレムリンは軍事クーデターの混乱に乗じてミャンマーに再接近，アレクサンドル・フォミン国防副首相（国際軍事協力担当）がミャンマーを訪問，ミン・アウン・フライン総司令官と会談している。

　東南アジア諸国連合（ASEAN）加盟国の武器・兵器調達に占めるロシアの比率は 2010 〜 19 年期で 28％にのぼる [21]。

ロシア・インド・中国のトライアングル

　インドと中国は国境係争問題で鋭く対立する。インド北部のラダック地方の係争地域で睨み合いを続ける。2020年5〜6月にかけての武力衝突では45年ぶりに中印双方に死傷者が出た。中印両国間では3,000キロメートルに及ぶ国境が画定していない。中印両軍は国境周辺に兵士を増員，多くの兵士が配置されている[22]。インドでは急速に反中国感情が高まってきた。

　2020年6月23日，膠着状態を打破すべく，ロシア，インド，中国の外務大臣による電話協議が行われた。ロシアのラブロフ外相は中印間を仲介することでトランプ前政権に対抗したかった。モスクワはワシントンのインド関与に楔を打ち込みたい。

　ロシアはインド重視を掲げる日欧米世界を牽制したい。ロシア製の武器・兵器は東南アジア市場も目指す。2017年までの8年間にロシアから東南アジア諸国に輸出された武器・兵器は66億ドルに達したという[23]。

　朝鮮半島にもロシアが得意とする，アジア分断戦略が適用される。2021年3月25日，ロシアのラブロフ外相が韓国の首都ソウルを訪問，北朝鮮の核問題について協議している。ロシア側は，いわゆる「6カ国協議」の重要性を提起，ロシアも朝鮮半島情勢に関与する姿勢を鮮明にした。韓国を米国から切り離し，ロシア・北朝鮮・中国陣営に引き込む魂胆である[24]。

　インドではモディ政権が発足後，最大の試練を迎えている[25]。与党インド人民党（BJP）は2019年12月の地方選挙で議席が激減，改正国籍法をめぐっては抗議デモが収束しない。景気低迷下にもかかわらず，物価は急上昇し，スタグフレーションの恐怖に脅える。ロシアにとってインドが重要なパートナーであることに変わりはないが，インド接近の経済的メリットは乏しいのかもしれない。

２．欧州と対峙するロシア

終わりなきウクライナとロシアの衝突

　ウクライナ領クリミア半島を武力で強奪したロシアによる暴挙の余波は今も続いている。クリミア半島に引き続いて，ウクライナ東部（ドネツク州，ルハンスク州）地域も奪取したいモスクワとキエフの睨み合いが続く。ロシアが実効支配するようになったクリミア半島での人権侵害にロシアが関与したとするウクライナ政府による申し立てを欧州人権裁判所（ECHR）は認めている [26]。

　モスクワが素直にクリミア半島を手放し，ウクライナ東部地域からも手を引かない限り，欧州連合（EU）による対露制裁は継続される。モスクワは強硬姿勢を崩していないけれども，ロシアの経済社会状況は悪化の一途を辿っている。国際社会も独善のロシアを受け入れない。クレムリンの強気姿勢は国際的孤立を深める要因となっている。

　ロシアのクリミア半島併合が導火線となった，ウクライナ東部紛争に関しては，ウクライナとロシア，フランス，ドイツの４カ国で和平協議が進められる。しかしながら，全面的停戦などを謳った，2015年2月署名の「ミンスク合意」は履行されず，目立った成果は得られていない [27]。

　それどころか，交戦は悪化，2021年春にはドネツク州での戦闘でウクライナ兵士4人が親ロシア分離派（武装勢力）によって殺害された。ロシア側は10万人規模の兵力をロシア・ウクライナ国境やクリミア半島に増派，攻撃態勢を整えた。その後，ロシア兵士を撤収させたものの，全面攻撃に踏み切る決意を鮮明に示したことになる。

　事態を重く見たウクライナのゼレンスキー大統領は戦闘服を装着，戦闘の最前線を訪れている。ゼレンスキー大統領は「ミンスク合意」に基づくロシア側との停戦協議が行き詰まっているとの厳しい認識を示す。親ロシア分離派をテロリストだとしたうえで，協議する意図はないとも断言，和平プロセスの再開を求める考えを披露した。

　しかし，モスクワはキエフの停戦協議再開の呼びかけを無視，国境の画定についてのアプローチを優先することが先決だと主張している。国境画定を急ぐことでウクライナ東部地域を実効支配する魂胆だろう。プーチン大統領は和平協定の締結だけでなく，ゼレンスキー大統領にも関心を示さない。

　ウクライナ側はクリミア半島がロシアに奪われたことを教訓として，兵力の増強に力を注いできた。とは言え，ウクライナの軍事力はロシアと比べると，見劣りすることは紛れもない事実である。ウクライナは黒海やケルチ海峡で黒海とつながるアゾフ海からの攻撃にも備える必要がある。陸・海・空のすべてを防衛することが求められる。小国にとって大きな負担であることは言うまでもない。

　そこで，ゼレンスキー大統領は米国のバイデン大統領と電話会談し，応援を求めた。バイデン大統領は全面支援すると言明，1億2,500万ドルの軍事支援を実施している。ゼレンスキー大統領は北大西洋条約機構（NATO）のストルテンベルグ事務総長とも相次いで電話会談し，NATO加盟に向けた公式交渉を加速したい旨を伝えている。また，2021年8月にクリミア半島奪回への道筋を議論する「クリミア・プラットフォーム」をウクライナで開催した[28]。

　バイデン大統領はプーチン大統領と電話で会談し，部隊増派に懸念を伝えて警告。あわせて主要7カ国（G7）もロシアに対して，緊張を緩和するように共同声明を出している。ブリンケン米国務長官はウクライナを訪問，キエフでゼレンスキー大統領と会談し，ウクライナの「主権と領土の一体性，独立を支持する」と表明している。

　バイデン大統領はプーチン大統領に首脳会談を開く計画を提案する一方，ロシアに追加制裁（ロシア財務省・中央銀行による新発債券の購入を米金融機関に禁じる金融制裁，駐米外交官の国外追放）を科した。

　ロシアをめぐる地政学リスクが高まると，投資家はロシアから資金を引き揚げ，通貨ルーブル安に拍車がかかるリスクをロシアは抱え込む[29]。

　ホワイトハウス（米大統領府）はまた，米軍をドイツに増派することも決定している。NATOは大規模な軍事演習を継続する。いずれもロシアの軍事的

脅威に備えるためである。

　弾劾裁判に直面したトランプ前大統領は2019年7月，対ウクライナ軍事支援を凍結，ゼレンスキー政権は窮地に立たされた[30]。この一連の「ウクライナ疑惑」（トランプ前大統領が2020年11月の大統領選挙での当選を狙い，ウクライナ政府に支援を求めた疑惑。米連邦法は外国勢力に選挙支援を求めてはならないと規定[31]）でトランプ前政権は大統領弾劾問題に追い込まれ，ウクライナにテコ入れできなくなった。クレムリンは米国大統領選挙に再度，介入する構えでいた。

　クリミア半島とロシア本土の鉄道橋を完成させるなど[32]，モスクワは既成事実を着々と積み上げ，クリミア半島領有を正当化する。もちろん，ウクライナ政府は非難するが，国際社会のロシア批判はトーンダウンしてきた。

　ウクライナ東部紛争についてはドイツとフランスが仲介役を務める。2019年12月上旬にウクライナのゼレンスキー大統領，ロシアのプーチン大統領が揃って，フランスの首都パリに集結，4カ国首脳会談に臨んだ[33]。

　しかし，捕虜の交換が実現した程度で，事態は好転していない。そもそもウクライナ，ロシア双方の主張は大きく食い違っており，和平プロセスは行き詰まり，打開策が見出されないでいる。

　現在でも銃撃戦が続き，ウクライナ東部全域での停戦は実現できていない。ウクライナは2020年10月，トルコと軍事協力協定を締結，軍事用ドローンをトルコから購入し，軍備増強を急ぐ。トルコがここでもプレゼンスを強化させる格好だ。ウクライナ東部地域からの避難民が帰還できない歪な状態が続く[34]。

　ロシア側は軍事行動，情報戦，サイバー攻撃などを組み合わせたハイブリッド作戦を展開していく構えでいる[35]。クレムリンの最終的な狙いはウクライナ全土の統合，支配にある。この目的が達成されるまで対ウクライナ圧力は続く。

　ゼレンスキー政権は紛争地域，クリミア半島も含めたウクライナの一体化を訴え，ロシア化に反旗を翻す。そうでないと，ウクライナの有権者は納得しない。一方，クレムリンは紛争地域とクリミア半島の実効支配を貫徹し，ウクラ

イナを連邦制に移行させることを想定する。その上で，ウクライナ政府が標榜してきた EU，NATO 加盟を阻止したい[36]。

モスクワは NATO の東方拡大に一貫して反発してきた経緯がある。プーチン大統領の NATO 不信はここに原因がある[37]。

飛び地カリーニングラードやロシア西部に，欧州に照準を定めた中距離ミサイルの実戦配備を急ぐロシア。対抗して防衛力強化に余念がない NATO。その対立は一触即発の状態にまで沸騰している[38]。板挟みでフィンランドなどロシアと国境を接する国は双方に対話を呼びかける[39]。

ウクライナの苦悩

ウクライナ経済は一時期の低迷から脱し，ここ最近，年2〜3％の成長率を記録している。さらに，国際通貨基金（IMF）はマクロ経済の安定や改革を側面支援すべく，50億ドル規模の新たな融資に踏み切った[40]。

ただ，金融機関プリヴァートバンクの国営化に伴う歳出増大がウクライナの国庫を圧迫するなど，金融不祥事の解決は消耗戦に入っている[41]。失敗すると，資本逃避が加速，通貨下落を引き起こす。あわせて，国営企業の民営化や新興財閥改革など経済課題は山積している。

また，新型コロナウイルスのパンデミック（世界的大流行）によって，ウクライナ経済も危機に直面，2020年1〜3月期の実質国内総生産（GDP）成長率は対前年同期比で1.5％減とマイナス転換，失業者も急増しているという[42]。

ゼレンスキー政権が目標として掲げる，向こう5年で GDP を40％増加させることは果たして可能だろうか[43]。ゼレンスキー大統領は「経済の素人」だと揶揄する声も聞こえるなか[44]，国民の懸念を払拭できるのか。

2020年3月3日，ウクライナのホンチャルク首相は最高会議（議会）に辞表を提出，辞意を表明した[45]。ゼレンスキー大統領による事実上の更迭となる。内閣は総辞職，後任の首相にはデニス・シュミハリ副首相が指名され，就任した[46]。シュミハリ新首相は喫緊の課題となっている経済再建に取り組むことになる。

　首相の交代でゼレンスキー政権は安定するのか，不安定化が顕著となるのか。ウクライナでは首相に続いて，政権からの圧力でヤキフ・スモリイ中央銀行総裁も辞任。IMFは中央銀行の独立性が損なわれると警告すると同時に，経済改革が遅れると警鐘を鳴らしている[47]。その直後，ゼレンスキー大統領は後任の総裁を任命した[48]。

　ゼレンスキー大統領の支持率は一時，7割を超えていたものの，足元では4割台まで低下している。新興財閥のオリガルキー（寡占資本家）として著名なイーゴル・コロモイスキー氏に圧力をかけ，影響力を削ぐことに力を入れる。もって財閥と距離を保つ姿勢を有権者にアピールしたい。米国政府もコロモイスキー氏に制裁を科し，ゼレンスキー大統領を援護射撃する[49]。ただ，ウクライナ国内でゼレンスキー大統領を評価する声は少ない。ウクライナ政界の不安定化は明らかにロシアに資する。

　本来ならば，日欧米諸国が総出でウクライナ経済を全面支援し，EU加盟を後押ししていくべきだろう。しかし，モスクワの顔色ばかりをうかがって，本腰を入れられないでいる。まずはウクライナを欧州に融合させる構図を描くことが先決だろう。

ウクライナに忍び寄る黒い影

　ここで厄介な存在が中国。ウクライナはソ連邦時代，大陸間弾道ミサイル（ICBM）や航空母艦といった兵器製造の一大拠点だった。その技術の蓄積は連綿と続く。ウクライナの反ロシア姿勢を巧みに利用して，中国はウクライナの兵器産業を手中に収めたい。

　中国企業は軍事技術を狙って，ウクライナの兵器メーカー・アントノフ社を買収。引き続いて，航空エンジン製造企業「モトール・シーチ」の買収を画策していた。この会社は軍用ヘリコプターや軍用機のエンジンを供給してきた。中国に重要な軍事技術が流出すれば，それは直線的に日本の安全保障を揺さぶることになる。賢明なことに，ウクライナ政府はモトール・シーチ買収を阻止している[50]。

北京は広域経済圏構想「一帯一路」にウクライナを巻き込み，港湾施設や高速道路の建設計画も推し進めている。世界屈指の穀倉地帯として知られるウクライナは，すでに中国にとっての有力な穀物輸入先となっている。中国初とされる空母「遼寧」はウクライナ製を改良したに過ぎない[51]。

ウクライナでは現在，4カ所15基の原子力発電所が稼動している。ウクライナの発電量に占める原子力発電の割合は53.9％（2019年）に達する。核燃料をロシアに依存してきたが，米国企業（ウエスチングハウス）からの調達を増やして，2023年までにロシア企業（ロシア国営原子力企業傘下・TVEL）からの輸入をゼロにすることを目指している[52]。

日本は米国，欧州諸国と連携して，軍事技術がウクライナから中国に流出することを阻止しなければならない。と同時に，脱ロシアを進めるウクライナを支援する姿勢を明確に打ち出す必要がある。

混迷深めるベラルーシ

北京はいわゆる「マスク・ワクチン外交」の一環として，ベラルーシにも接近，検査キット，マスク，防護服などを送っている。「欧州最後の独裁者」と揶揄される，ルカシェンコ大統領は習近平国家主席に感謝の電報を打ち，ベラルーシ訪問を呼びかけた。

ベラルーシは中国主導のアジアインフラ投資銀行（AIIB）と融資について協議中で，中国国家開発銀行にも資金提供を求めているという[53]。ルカシェンコ大統領の支持率は3割程度と低迷するが，反ロシアの姿勢を強める一方，中国接近が加速していた[54]。

ウクライナと違って，ベラルーシは基本的に親露国である。ベラルーシはロシア主導の「ユーラシア経済同盟」に参加するとともに，「連合国家創設条約」を締結している。経済的には対ロシア依存度が高い。

ルカシェンコ大統領の6選に対する国民の危機感を背景に，首都ミンスクなどでは異例の反政権運動，大規模抗議デモが頻発。秘密裏に大統領就任式を挙行したものの，磐石と思われたルカシェンコ独裁体制は窮地に立たされてい

る。

　反体制派は政権移行のための「調整評議会」や新党「共に」を相次いで立ち上げたが，ルカシェンコ政権は反体制派の有力人物を矢継ぎ早に拘束，締め付けを強化している。ルカシェンコ政権側はまた，2021年2月11日，12日に「全ベラルーシ国民会議」（政治集会）を開催，2022年1月に憲法改正の国民投票を実施すると表明している。

　反体制派には有力な指導者が不在であること（反体制派のスベトラーナ・チハノフスカヤ氏はリトアニアに出国），バイデン米大統領が民主化支持を表明しているものの，欧米諸国からの支援は限定的であることから，最終的には軍部，治安機関の動向や意向が今後の政局の決定打となるだろう[55]。

　IMFによると，2019年までの直近5年の年平均経済成長率はわずか0.1％にとどまるうえ，新型コロナウイルスの感染拡大で経済の低迷はより深刻化，2020年の経済成長率はマイナス6％に落ち込むと見通していた。

　一連の社会不安が原因で金融市場は大混乱，パニック状態にある。ベラルーシ国債や通貨ベラルーシ・ルーブルは大暴落，外貨準備金はわずか75億ドル（2020年9月1日現在）にとどまる。一方，年30億ドル規模の対外債務の返済が続く。対外債務の48％はロシアからの借り入れである。

　ベラルーシの貿易総額に占める対ロシア貿易の比率は5割に達する。農産物の9割はロシアに出荷される。ロシアからは割安の原油と天然ガスが流入する。経済社会改革は喫緊の課題であるにもかかわらず，まったく着手されていない[56]。

　軍事的関与も含め，ロシアの本格介入を懸念する欧米諸国が，ルカシェンコ政権の強硬姿勢を非難，制裁を科す一方[57]，モスクワはルカシェンコ大統領が退陣に追い込まれた場合，緩衝地帯のベラルーシに親欧米政権が誕生することを極度に警戒する。

　ルカシェンコ政権はロシアのプーチン政権と一定の距離を保持してきた。だが，一連の騒動で方針を軌道修正，クレムリンに急接近して後見役を期待するようになった。ルカシェンコ大統領は2021年2月22日にロシアを訪問，南部

のソチでプーチン大統領と会談した[58]。

　ベラルーシの抗議行動は沈静化する一方，ロシアの反体制運動の先行きは依然として見通せない。ベラルーシ，ロシアの両国首脳はそれぞれ国内の安定に苦慮する。ただ，欧米の干渉に両国は共闘する一方で，互いに警戒も怠ってはいない。膠着状況が解消されたわけではない。ベラルーシに居住する，少数派のポーランド系住民（ベラルーシの人口950万人，ポーランド系30万人）を守るべく，反ロシアの一角を占めるポーランドもルカシェンコ政権と対立する[59]。

　クレムリンとしては欧米主導の政権交代を阻止し，ルカシェンコ政権を全面支援することで一気に「国家連合」への道を開きたい。ルカシェンコ大統領が退陣した場合でも親露政権を樹立できれば，クレムリンは国家連合を推進できる。ルカシェンコ大統領はロシアに亡命することになるだろう。今後はベラルーシ社会の緊迫を好機と見る，ロシアの対ベラルーシ介入度を注視する必要がある。

再発したナゴルノカラバフ紛争

　かつてソ連邦を形成した地域では不穏な情勢が続く。クリミア半島，ベラルーシに引き続いて，アゼルバイジャン，アルメニア，キルギス，モルドバなどでも社会的矛盾が噴出している。

　アゼルバイジャン領の係争地ナゴルノカラバフ（「山岳の黒い庭」の意，1923年にスターリンがアゼルバイジャンに編入，人口15万人）では2020年9月，1994年の停戦後，最大規模の軍事衝突が勃発した。ナゴルノカラバフはアルメニアが実効支配してきた経緯がある。

　ナゴルノカラバフのアルメニア系住民は長年，アゼルバイジャンからの独立を叫んできた。アゼルバイジャン側は「領土保全・主権尊重」を，アルメニア側は「民族自決の権利」をそれぞれ錦の御旗に一歩も譲らない。

　モスクワがベラルーシ情勢の不安定化で手を焼く間隙を突いて，実質的にトルコが軍事介入。ナゴルノカラバフを実効支配するアルメニアと，その主権を主張するアゼルバイジャンとが正面衝突した。ナゴルノカラバフではアルメ

ア系住民が多数派を占める。

　軍備増強を進めたアゼルバイジャン側がトルコからの援軍を得て，失地回復を急ぐ格好となっていた。トルコ製の無人偵察機やドローンがアルメニアを攻撃，ソ連邦時代に配備された地対空ミサイルを圧倒した。

　事態を複雑化している原因は民族紛争と宗教対立とが混在し，そこに周辺のロシアやトルコがそれぞれの思惑，野心で関与していることにある。ロシアとトルコはコーカサス（カフカス）地方をめぐって，長年，争奪戦を繰り広げてきた歴史的経緯がある。

　トルコとアゼルバイジャンがイスラム教国であるのに対して，ロシアとアルメニアはキリスト教国（ロシア正教，アルメニア教会）である。トルコとアルメニアは民族大虐殺（オスマン帝国時代のトルコでアルメニア系住民が殺害された事件，アルメニア側は150万人が虐殺されたと主張）などでも鋭く対立してきた歴史的経緯も絡んでいる。

　この大量殺戮については欧州議会，米国議会に引き続いて，バイデン米大統領も「ジェノサイド（民族大量虐殺）」と認定して，トルコ側が猛反発している[60]。

　トルコとアゼルバイジャンが民族的に近い一方，ロシアはアルメニアと軍事同盟を結ぶ。アルメニアにはロシアの軍事基地が置かれている。さらに加えて，シリアからは傭兵が送り込まれているという。ロシア主導で停戦が模索されたが，それは中立的立場による仲介ではなく，コーカサス地方におけるトルコのプレゼンスを阻止することに主眼がある。

　カスピ海のアゼルバイジャン沖には有望な油田や天然ガス田が眠る。産出された原油や天然ガスはパイプラインでジョージア（グルジア）経由でトルコにまで運ばれている。トルコ沿岸部からは大型石油タンカーで欧州諸国に運ばれる。アゼルバイジャンはコーカサス地方や欧州のエネルギー安全保障の一端を担う[61]。

ナゴルノカラバフ紛争で実質的に敗退したロシア

　今回のナゴルノカラバフ紛争劇はアルメニアがナゴルノカラバフ周辺の紛争地域から撤退することで幕が下ろされた[62]。表向きはロシアが仲介，平和維持部隊を派遣したことで停戦が実現したことになっている。ナゴルノカラバフ地域の帰属問題は棚上げされ，事実上，先送りされた。

　ロシアはアゼルバイジャン，ひいてはトルコに屈服せざるを得なかったのである。本来ならば，ロシアは軍事同盟国のアルメニア側に軍を送り込むべきであろう。しかし，ロシアは中立に徹した。メディアはアルメニアの敗北と伝えるが，実態はロシア・アルメニア両国の敗退である。戦勝国はトルコ・アゼルバイジャン両国となった。事実，トルコは停戦監視を口実に派兵を決定，コーカサスに部隊を送り込んだ[63]。

　アルメニアの内政は 2021 年に入って，急速に緊張が高まっている。2021 年2 月 25 日，軍参謀総長を筆頭に，軍高官 40 人ほどがパシニャン首相の辞任を要求。サルキシャン大統領も辞任要求を黙認している。警察高官からも首相辞任を支持する声が上がる。野党勢力もまた，首相への退陣圧力を強め，混乱が続く。先のナゴルノカラバフ紛争で事実上敗北したパシニャン首相の責任が問われ，辞任に追い込まれた。アルメニア国民は敗戦で深く傷ついている。和平交渉の先行きが早くも危ぶまれる事態となった[64]。

　ロシアの威信は急激に失墜，地域大国としての役目を果たせずにいる。反対にトルコの地政学的なプレゼンスは圧倒的に高まっている。トルコの実戦配備兵力は NATO 加盟諸国で第 2 位を誇る[65]。

　トルコの軍事関与はアゼルバイジャンだけでなく，リビアでの軍事訓練や兵器供与，北キプロスでの軍事基地，シリア北部での部隊展開，ソマリアでの軍事訓練センター，カタールでの軍事基地，アフガニスタンでの軍事任務など広範囲に及ぶ。

　トルコはまた，中央アジア・コーカサス諸国との協力枠組み「チュルク評議会（チュルク語系諸国協力会議）」を主導する。チュルク評議会に参加する国はトルコ，アゼルバイジャン，カザフスタン，ウズベキスタン，キルギスであ

る。いずれの国も民族的，文化的，歴史的に近い。2009年に発足した。エル
ドアン政権はこの評議会を地域機構に格上げする方針でいる[66]。

　最終的にはトルコの孤立を招く恐れはあるものの，地中海から中東，コーカ
サス，中央アジアに至るベルト地帯に軍事的影響力を誇示する格好となってい
る。まさにオスマントルコ帝国の再現である。今後，ロシアの影響力低下が中
東，中央アジアや北アフリカ，地中海にまで及ぶのかどうか。

　2021年1月11日にアゼルバイジャンのアリエフ大統領とアルメニアのパシ
ニャン首相がロシアの首都モスクワを訪問，プーチン大統領と会談した[67]。3
カ国の首脳は経済や鉄道の復旧など地域一帯の復興で合意したものの，ロシア
とトルコのプレゼンス競争はゼロサムゲームに他ならない。ロシアの平和維持
活動が仮に失敗すれば，トルコの優越は決定的となる。

加速するロシア離れ

キルギス

　中央アジアの一角を占めるキルギスで議会選挙が実施されたものの（2020年
10月4日投票），その結果に猛反発する野党勢力は「調整評議会」や「国民調
整評議会」を発足させて，新政府の樹立を画策していた。キルギスではジェエ
ンベコフ前大統領とアタムバエフ元大統領とが激しく対立，部族間の衝突が顕
在化していた。

　選挙管理当局は選挙結果の無効を決定したが，野党勢力は分裂。部族間抗争
も相まって，統治者不在の混乱状態となった。ジェエンベコフ前大統領は首都
ビシケクに非常事態宣言を発令する一方，事態収集後に辞任するとの声明を発
表した[68]。

　他方，ボロノフ元首相の退任後，キルギス議会は元国会議員で野党指導者
だったサディル・ジャパロフ氏を新首相に選出，新首相はジェエンベコフ前大
統領に即時辞任を要求した[69]。

　これらを受けて，2021年1月10日，大統領選挙が実施され，ジャパロフ氏
が得票率83％で当選，政治の実権を掌握した。キルギスではコロナ禍で失業

者が急増，生活水準も低下して国民の不満は高まっている。

　ジャパロフ新大統領はロシアを重視する方針を打ち出しているものの，政情不安が再燃するとの見方が強まっている[70]。ロシアは2020年12月に2,000万ドルの財政支援に踏み切った。キルギスにはロシアの軍事基地もある。キルギスを含む中央アジア諸国ではロシアでの出稼ぎ労働者からの送金が経済を支える柱の一つになっている。中央アジア全体のGDPの30％超が海外送金で占められているという[71]。

　キルギスでは大統領権限を強化する憲法改正の是非を問う国民投票が実施され，8割の賛成で承認された。ジャパロフ大統領が独裁体制を確立する素地が仕上がった。

　キルギスの対外債務の4割を対中国債務が占める。ジャパロフ大統領と北京が裏で繋がっていることは公知の事実となっている。ロシアと中国の狭間にあるキルギスには外交の微妙な舵取りが求められている。

モルドバ

　ソ連邦の構成共和国でウクライナ南部に隣接するモルドバでの大統領選挙では，親欧米派のマイア・サンドゥ前首相が勝利，モルドバのEU接近が確実となった[72]。モルドバ初の女性大統領の誕生である。サンドゥ新大統領はEU接近で支援を得て，改革を推進したい構えでいる。もって「欧州最貧国」の汚名を返上したい。

　モルドバのドニエストル川東岸にはロシア軍が駐留しているが，サンドゥ大統領は撤退すべきだと要求している。ロシア軍が撤退すると，ロシアの地政学的後退はモルドバでも鮮明となる。

　クレムリンはクリミア半島に引き続いて，ウクライナ全土の実効支配を虎視眈々と狙っている。ロシア，ベラルーシ，ウクライナによる連合国家の構築に邁進，ロシア憲法を改正して実現させようと目論んでいる。

　プーチン大統領はソ連邦の復活に野心を燃やすけれども，現実には，ソ連邦

を形成した国々がロシアと距離を保つようになっている。結果，ソ連邦圏内でもロシアの孤立が際立ってきた。

クレムリンの思惑

　ロシアは 2008 年にジョージア（グルジア）に軍事侵攻，国土の 5 分の 1 を略奪した。ジョージアのズラビシュビリ大統領はロシアによる軍事侵略への警戒を強めている [73]。このグルジアでは首相が辞任，野党指導者が逮捕されるなど内政の混乱が深まっている [74]。ベラルーシ，ウクライナ両政府もロシアとの連合国家構想に反旗を翻す [75]。

　ウクライナはロシアと欧州を結ぶ地理的役割を果たす。ロシアは欧州に原油や天然ガスを輸出，ウクライナはロシア，欧州双方にとって重要な中継地となる。

　天然ガスの場合，ガスプロムが欧州天然ガス市場の 4 割を占有する。このうち 4 割がウクライナ領内経由で運ばれる。その年間輸送量は 870 億立方メートルに達する。ベラルーシ経由は同 420 億立方メートルで，圧倒的にウクライナ経由の輸送量が突出している [76]。

　中継地のウクライナやベラルーシにはトランジット契約を通じて，天然ガス通過料が舞い込み，国庫を潤す。ウクライナに落ちる通過料収入は，政府歳入の 6 〜 7％に相当する年間 30 億ドルにのぼる。ウクライナもロシア産天然ガスを輸入，消費するが，安定的な通過料収入も欠かせない。そのためには長期契約が不可欠となる。

　他方，ガスプロムとしては通過料など輸送コストを圧縮して，天然ガスを顧客に届けたい。そこで，力を入れるルートが輸出先直送パイプライン。黒海海底に敷設された天然ガスパイプライン「ブルー・ストリーム」はトルコ直送ルートで，年間 130 億立方メートルの天然ガスがトルコに供給される。ここに新設天然ガスパイプライン「トルコ・ストリーム」も追加される。

　ドイツ直送ルートとして，年間 590 億立方メートルの天然ガスが輸出される「ノルド・ストリーム」がすでに稼動している [77]。ここに米国が横槍を入れて

きた天然ガスパイプラインの「ノルド・ストリーム2」(年間送ガス能力550億立方メートル)が加わる計画となっている[78]。直送ルートであれば、ウクライナやベラルーシを迂回できる[79]。

米国による経済・金融制裁という重石はあるものの、ドイツとロシアの関係は伝統的に別格で、ドイツの巧みな対ロシア外交に取って代わる国は存在しない[80]。

ロシアは液化天然ガス(LNG)の生産増強にも動く。ガスプロムが主導する既存の「サハリン・プロジェクト」に加えて、ロシア北部のヤマル半島にはLNG生産基地をロシアの独立系天然ガス企業ノバテックが建設している。この「ヤマルLNGプロジェクト」には中国企業も出資、資本参加する。このプロジェクトに対しては、米国が制裁対象に追加した[81]。

クレムリンのお家芸:分断作戦

ロシアは逸早く、新型コロナウイルス向けのワクチン「スプートニクⅤ」を開発、その効力を世界に誇示した。そして、中国と同様に外交の手段として有効利用する。

EU加盟国のハンガリー政府はEU当局の了解を得ずに、ロシア製と中国製のワクチンを承認した[82]。ロシア当局はイタリア国内でワクチン生産に乗り出す方針でいる。セルビア政府は中国製ワクチンに飛びついた。だが、このセルビアでは環境派が中国による投資に反旗を翻す。

モスクワも北京も欧州分断にワクチンを活用する。EUがロシア製のワクチンは不要とロシアを牽制すると、クレムリンはロシア製ワクチンに対する偏見だと反論する[83]。EUの不協和音を喜ぶのは自由世界諸国ではなく、強権国家である。

ただ、チェコ政府は2014年の爆薬庫爆発事件(スクリパル殺害事件)にロシアの情報機関が関与したとして、ロシアの外交官18人を国外追放した。報復としてロシア政府は駐ロシアチェコ外交官を国外追放した。また、ブルガリアとロシアも外交官追放劇を繰り広げている[84]。また、バルカン半島の小国モ

ンテネグロは中国からの債務 10 億ドルを返済できず，EU に泣きついた。中・東欧地域では対ロシア接近と離反，対中国接近と離反が同時進行している。

　モスクワは「スプートニク V」をアフリカ連合（AU）に高値で売りつけた。アストラゼネカ製やノババックス製ワクチンの 3 倍も割高だという[85]。モスクワはアフリカをワクチンの標的市場と位置づけている。クレムリンの外交プレゼンス強化の手段にワクチンが付加された。「ワクチン外交」もクレムリンの世界戦略を決定づけることになった。

3. 世界に広がるクレムリン外交

　ソ連邦時代，モスクワは友好国を広げるべく，周辺国だけでなく，大陸をまたぐ衛星圏の構築を試みた。その切り口は社会主義というイデオロギーと反米という外交方針。東西冷戦時代には，ワシントンとモスクワが競って勢力圏拡張に奔走した。ワシントンは自由と民主主義を掲げ，自由世界を束ねた。一方，モスクワは主として当時，第三世界と区分される新興国に照準を定め，勢力伸張に総力を挙げた。

　キューバ危機の際，ホワイトハウスはクレムリンが核弾頭のキューバ配備を断念したことから，ソ連邦を打ち負かしたと世界に吹聴した。しかし，真の勝者はモスクワだった。モスクワは戦利品として，キューバを支配下に置いた。米国の裏庭に親ソ連邦国を仕立て上げることができた。キューバは今もって，モスクワの貴重な外交的資産としての役割を果たしている。

　モスクワはベトナム戦争で北ベトナム側を全面支援，米軍の放逐に大成功を収めた。ベトナム戦争終結後もベトナムはソ連邦の友好国であり続け，現在に至っている。かくしてモスクワはモンゴルに加えて，キューバ，ベトナムにも影響力を行使できるようになる。

　これを皮切りに，たとえば南部アフリカではモザンビークやアンゴラに触手を伸ばし，アフリカ戦略を展開していく。南アフリカ包囲網を築くなど，着々と外交的財産を増やしていった。

82 ——◎

　ただ，勢力圏拡大に比例して，経済的な負担も顕著となった。無謀にもアフガニスタンに軍事介入することが「仇」となって，ソ連邦は崩壊に追い込まれる。無闇な勢力拡張がソ連邦崩壊の導火線，致命傷となったことは明らかだが，新興国を標的とする手法は今も活きている。その象徴的国家がシリアであり，リビアである。

A. 南米ベネズエラとロシア

マドゥーロ政権を支える国

　崩壊寸前に追い込まれたベネズエラのマドゥーロ社会主義独裁政権は意外にも粘り腰を見せている。マドゥーロ政権を打倒すべく，フアン・グアイド前国民議会議長を中核とする反政府野党勢力とこれを支援する 60 カ国を超える国家は，ベネズエラの民主化を狙っていた。米国のトランプ前政権もベネズエラ産原油の禁輸に動くなど，グアイド前国会議長にエールを送った。にもかかわらず，マドゥーロ体制を転覆できずにいる。なぜか。

　言うまでもなく，ベネズエラは反米国家である。反米を切り口にロシアがマドゥーロ政権に支援の手を差し伸べる。ロシア石油最大手ロスネフチがベネズエラ資産を売却，事業から撤退することを決定したものの[86]，モスクワはマドゥーロ政権を支えるために，経済面，軍事面の支援を惜しまない。

　ロスネフチが保有するベネズエラの国営石油会社 PDVSA の株式はロシア政府が100％出資する企業に売却されたが，PDVSA 株式をロシア政府が保持する構図は変わらない。ロスネフチは油田や天然ガス田を保有していたほか，石油製品をベネズエラに供給してきた[87]。ワシントンはクレムリンの親マドゥーロ路線を非難するが，マドゥーロ政権はロシアのほか，キューバ，中国，トルコなど複数国を味方につけている[88]。

　ベネズエラは南米大陸を代表する有力産油国。経済制裁が足枷となって産油量の落ち込みは激しく（2020 年第 3 四半期で日量 35 万 9,000 バレル），原油輸出量も激減しているけれども，原油埋蔵量は世界屈指の規模を誇る。もちろん石油輸出国機構（OPEC）に加盟する。ベネズエラが OPEC 加盟国であることか

ら，OPEC 加盟諸国とは緊密な関係にある[89]。

　OPEC 加盟国では特に，反米国家のイランと気脈が通じ合う。首都カラカスにはイラン大使館もあり，外交関係は正常だ。イラン・コネクションはベネズエラの貴重な外交的資産の役割を担う[90]。イランはベネズエラで不足するガソリンを 5 隻ものタンカーを送り込んで供給，米国に対抗する姿勢を鮮明にしていた[91]。

　ロシアや中国を機軸として，経済制裁で苦境に直面する，ベネズエラやイランが反米経済圏を構築する動きが顕著となっている。まさに「21 世紀の新冷戦」の時代が具現化されている。

　石油消費国インドの企業はベネズエラの製油所を修理している。北京もマドゥーロ政権を支援しており，中露両国が揃ってニコラス・マドゥーロ大統領を支えている。中露がマドゥーロ政権の資金源を維持する形となっている。力を得たマドゥーロ大統領は独自に国会議長を擁立，一時は 2 人の国会議長が正統性を主張する事態に至っていた[92]。その結果，米国政府による対ベネズエラ制裁は骨抜き化されている。

困窮きわめるベネズエラ経済

　マドゥーロ政権は統制経済を大転換させ，経済活動の規制緩和，自由化という市場改革に舵を切った。無駄な為替レートの操作を中止して，実勢レートを重視する姿勢，すなわち二重為替レート制撤廃に転じた。価格の自由化にも踏み込む。

　その結果，物不足は解消され，経済の正常化が進展するようになった。スーパー，ショッピングモール，ドラッグストアには欧米メーカーの商品も並ぶ。ただ，潤っているのは一部の富裕層に過ぎず，貧困層は慢性的な物不足やサービスの低下に苦しむ。勢い，マドゥーロ政権への反発を強める[93]。

　ベネズエラ経済を支える柱はベネズエラ国外に住む出稼ぎ労働者である。出稼ぎ労働者が本国送金する外貨が経済活動の原動力となっている。マドゥーロ政権が成立した 2013 年以降，ベネズエラ国外に流出した民衆は 460 万人に達

する。年間40億ドルがベネズエラに送金されているという[94]。

　ベネズエラ国内では自国通貨ボリバルソベラノ（Bs）でなく，米ドルが使用される。米ドルの流通が物価高騰（2019年11月現在，1万3,500％増，同年1月では268万％増[95]）を抑制している。ベネズエラ経済の米ドル化が景況感の安定に貢献する。

　しかし，相変わらず，汚職は深刻で，電力不足も解消されていない。しかも国際原油価格の低迷でオイルマネーの流入は細り，新型コロナウイルス拡散で出稼ぎ労働者は失職する。IMFによると，ベネズエラの国民1人あたりGDPは2011年の1万2,200ドルから現在では1,540ドルと過去10年で87％も低下したという。カリブ諸島の一角を占めるハイチよりも貧しい。

　二重，三重の痛手にベネズエラ国民は苦悶する。マドゥーロ政権はIMFに50億ドルの支援を要請したが，拒否されている[96]。

反撃力の乏しい反体制派

　グアイド前国会議長は当初，軍部がマドゥーロ大統領に反旗を翻すだろうと見込んでいた。軍部を掌握しないと，マドゥーロ政権を打倒できない。だが，特権に執着する軍部が寝返る兆候はない。今も軍部は闇取引や汚職を繰り返す。

　グアイド前国会議長はワシントンに飛んで，ホワイトハウスでトランプ前大統領との会談にも臨んでいた。トランプ前政権はグアイド前国会議長を全面支援する姿勢を崩してはいなかった。

　しかし，制裁解除の取引条件として，大統領選挙の前倒し実施を要求するなど，マドゥーロ政権が即座に拒否するような内容で，マドゥーロ政権から実権を奪取する展望は描けていない[97]。本気でマドゥーロ政権打倒を狙うのであれば，グアイド前国会議長は野党指導者として戦略を具体的に練り直さなければならない。

　ホワイトハウスとクレムリンによる外交合戦の帰趨はマドゥーロ大統領の命運を左右する。米国が勝つか，ロシアが勝つか。マドゥーロ政権の行方は米露

両国の覇権争いも決定づける。

B. クレムリンのアフリカ戦略

　新生ロシア誕生後，クレムリン外交の主軸は常に欧米諸国に据えられていた。先進国クラブの仲間入りを果たすことこそがモスクワの悲願であった。プーチン政権は当初，ロシア国内の再建を優先し，外交に関しては手薄な状態に終始していた。

　まずは経済的安定を実現し，社会秩序を回復させ，核兵器の超大国として相応しい国家に脱皮しないと，国際社会から相手にされない。現代世界の一員としての国家に生まれ変われるか。その目標達成は道半ばだが，一定のプレゼンスを発揮できるようになったことは事実である。

　それでも，アフリカ諸国への関与は限定的だった。ソ連邦時代の一時期には，エジプト，リビア，アンゴラ，モザンビークなど社会主義的な国家運営を採用する国や独裁国に接近，積極的にアプローチした。冷戦時代のイデオロギー対立はアフリカ大陸にも投影され，米国，ソ連邦の両国が角逐した。その様子はさながら，米ソによる代理戦争，あるいは陣取り合戦の様相を呈していた。

　ソ連邦崩壊後，アフリカ大陸からはモスクワの姿が途端に消える。米国の影響力も陰りを見せる。代わって存在感を増した国が中国。超大国が去った空白を埋めるように，北京による巨額インフラ投資の躍進が目立つ。これに対抗する有力な国家が不在のなか，アフリカ諸国は独自の手法で国家の再建を急いでいる。日本のアフリカ関与は肌理が細かく，行き届いている。アフリカ諸国も日本のアプローチを大歓迎する。

失地回復を狙うクレムリン

　遅ればせながら，モスクワもアフリカでの復権を狙うようになってきた。

　2019 年 10 月 23 日，ロシア南部のソチで「ロシア・アフリカ首脳会議」が開催された[98]。43 カ国のアフリカ首脳陣がソチに集結している。モスクワと

しては得意とするエネルギー，武器・兵器，原子炉などを売り込みたい。テロ対策もモスクワの得意分野だ。

　アフリカ諸国が歓迎するかどうかはともかく，ロシアにとってルーブル経済圏を拡大できる好機でもある。ロシアとアフリカ諸国との貿易総額は 2018 年に 200 億ドルに増えた。だが，中国とアフリカ間の貿易総額は 2,050 億ドルに達し，ロシアとは雲泥の差となっている。

　安全保障協力分野ではモスクワは軍事協定の締結を皮切りに，武器・兵器の輸出増を目指し，軍隊の訓練に積極的に関与する。ロシアの武器・兵器輸出に占めるアフリカ諸国の比率は年間 30 ～ 40％に及ぶ。

　アフリカはロシア製武器・兵器のお得意先となっている。その主要輸入国はアルジェリア，エジプト，スーダン，アンゴラである。中央アフリカ共和国ではロシア軍が軍事訓練を実施している[99]。

　アフリカ北東部にあるスーダンとは軍事協定を締結，ロシア海軍は紅海に面するポートスーダンに補給拠点を設置する。300 人規模の兵士が駐留できるだけでなく，艦艇や原子力潜水艦が寄港できる。紅海ではジブチに日本，米国，フランス，中国が軍事基地を設置している[100]。

　原子力発電所の輸出については原子力独占体のロスアトムが活躍する。エジプトを筆頭に，ロスアトムは 18 カ国と覚書を締結，原子力発電所の輸出拡大を図っている。スーダン，ルワンダ，ザンビアでは原子力研究プロジェクトが進められている。

　資源開発事業も進展している。ギニアではボーキサイト，ジンバブエではプラチナ，南アフリカではニッケル，アンゴラ，ボツワナ，ジンバブエではダイアモンドの開発事業が進展している。

4．クレムリンの軍事戦略

冷戦時代とロシア

　ソ連邦時代，ワルシャワ条約機構が防衛体制の根幹を成すと同時に，東側陣

営を束ねる求心力として機能した。その中核がソ連邦軍であったから，自由自在にワルシャワ条約機構加盟諸国を動き回ることができた。それは恐怖統治の象徴でもあった。

　冷戦時代，ワルシャワ条約機構は英米を中核とする NATO と対峙する。それらの境界線はいわゆる「鉄のカーテン」であり，正面衝突の最前線でもあった。核戦力，通常戦力の双方を駆使した防衛体制が構築されていた。

　しかし，ソ連邦が崩壊したことを契機に，ワルシャワ条約機構は解散に追い込まれる。バルト3国を筆頭に，欧州諸国のほぼすべてが西側陣営に滑り込む。新生ロシアは単独で欧米と対決することを余儀なくされた。

　「プーチンのロシア」にとって，核戦力は今なお有効な抑止効果を発揮している。米国との核軍縮交渉は遅々として前進せず，モスクワは露骨な条約違反を繰り返す。ロシアが率先して核戦力を放棄することは想定できない。米露両国は今もって地球上最強の核戦力を保持している。

　そもそも米国，ロシアの2国間関係・交流は希薄である。政治分野の交流はほぼなく，経済関係も限定的。米露両国の接点は軍拡競争と軍縮交渉とに限られる。ロシアを孤立させても，米国は困らない。この点が米中関係と決定的に異なる。中国の経済的孤立は世界経済にとって痛手となる。中国の軍事的脅威を共有する近隣諸国が苦慮するのは当然である。

軍事力強化に余念ないモスクワ

　2019年12月24日，プーチン大統領は国防省で開かれた会合で，複数の核弾頭を搭載できる重量級 ICBM「サルマト」や同じく核弾頭が搭載可能な原子力魚雷などを列挙して，兵器開発が順調に進展していることを表明した[101]。目玉となる最新鋭の極超音速ミサイルシステム「アバンガルド」はすでにミサイル部隊に実戦配備されている（中部オレンブルク州）[102]。核弾頭を搭載できると同時に，米国のミサイル防衛（MD）網を突破できる。

　その他，ロシアが開発を急ぐ最新兵器には原子力推進式巡航ミサイルや海上・潜水艦発射型の極超音速ミサイルも含まれる[103]。プーチン大統領は2020

年 7 月 26 日，海軍戦艦に海上発射型の極超音速巡航ミサイル「ツィルコン」や
新型原子力魚雷「ポセイドン」などの新型兵器を配備すると表明している [104]。

　その一方で，モスクワは核兵器保有の基本方針を定める「核抑止力の国家政
策指針」を公表，核兵器使用の条件をロシア自らが明示し，ワシントンを牽制
した。「指針」の骨子は次のとおりである [105]。

・ロシア，同盟国に対する弾道ミサイル発射の確実な情報が確認できた場
　合。
・ロシア，同盟国に対する核兵器，大量破壊兵器による攻撃。
・国家存続を脅かす通常兵器を使った侵略。
・核兵器による報復攻撃を妨害する国家やロシア軍の主要施設に対する敵国
　の働きかけがあった場合。

　この「指針」では核抑止力が求められる脅威の一つとして，「宇宙空間での
ミサイル防衛設備や攻撃システムの設置」が挙げられている。これは米国を警
戒していることを示唆する。

漂流する米露軍縮交渉

　米露による中距離核戦力（INF）廃棄条約が失効したことに引き続いて，核
軍縮の唯一の枠組みとなる，新戦略兵器削減条約（新START）も 2021 年 2 月
5 日に失効期限を迎えたことを受けて，米露両国は 5 年間の単純延長（2026 年
2 月まで）で正式合意した。軍縮の枠組みの存続を優先した格好だ。

　米露両国による核弾頭保有数は合計で全体の 9 割を占有する。中国の保有数
は 300 発超とされる。ワシントンは核兵器の保有数や配備数を抑制する一方，
核兵器の近代化，すなわち新規開発，改良，更新は継続する。

　米国のバイデン新政権はウクライナとの関係を重視する一方で，ロシアには
制裁強化などで厳しく対処する [106]。特に，バイデン大統領はロシアによる米
連邦政府機関を標的とするサイバー攻撃，米大統領選挙への介入・妨害，反体

制派指導者ナワリヌイ氏に対する化学兵器使用，ウクライナ領クリミア半島の一方的併合などを問題視する[107]。

　他方，モスクワはバイデン政権を重大なる脅威と認識。この先，バイデン政権に制裁の緩和や解除は望めないと覚悟している。

　新STARTは戦略核弾頭の配備数（1,550）に加えて，それを運ぶミサイルや戦略爆撃機の配備数を制限，射程の長いICBMや潜水艦発射弾道ミサイル（SLBM）も制限対象（戦略爆撃機，ICBM，SLBMの上限数は700，未配備を含めて800）としている。新STARTは年18回の査察を認めている。

　ただ，ホワイトハウスの本音は軍縮交渉に中国を引き込み，ロシアが圧倒的優位に立つ短・中距離核戦力（射程500〜5,500キロメートル）を制限対象に加え，核査察を強化することにある。射程の短い戦術核も含めた，包括的な軍縮交渉はバイデン政権の課題である。ロシア側は新START添付文書に多国間協議に道を開く内容を盛り込み，バイデン政権に配慮した。中国を念頭に置いていることは間違いがない。

北京を敵視するワシントン

　ワシントンは中国の核戦力増強を極度に警戒，中国を喫緊の脅威と位置づける。核軍縮協議の枠組み，核戦力の制限対象に中国を加えたい米国だが，中国は頑なに参加を拒む。2020年1月時点の核弾頭数は米国が6,375発，ロシアが5,800発，中国が320発。中国は米露に比べて核保有数が少なく，軍縮交渉に加わる利点はないと主張する。

　しかし，米国は短・中距離ミサイルなども軍縮交渉の対象としたい[108]。米国は中国の軍事的脅威に対抗すべく，日本や韓国に地上配備型の中距離ミサイルを配備する構えでいる[109]。

　欧米各国では新型コロナウイルスの感染拡大を背景として，急激に対中国感情が悪化している。日本でも同様の世論が拡大する。さらに「人権」という価値観も注入される。新疆ウイグル，香港，チベット，内モンゴルでの人権侵害を由々しき事態だとワシントンとブリュッセルとが歩調を合わせて，北京に集

中砲火を浴びせる。米国・EU陣営には英国，カナダも加わる。対北京制裁に
も踏み込んだ。無論，北京はモスクワも巻き込んで，人権問題の政治化だと猛
反発，徹底抗戦の構えを崩さない[110]。

　荒唐無稽な北京は日米両国による再三再四にわたる非難，警告にもかかわら
ず，海警局を新設。日本固有の領土・尖閣諸島に領海侵犯を執拗に繰り返す。
中国の海警局は海上保安庁とは似て非なる軍事組織で民兵までも動員した武装
勢力である。非常識きわまりない。

　台湾有事も現実味を帯びてきた。すでに中国軍機が頻繁に台湾の防空識別圏
（ADIZ）に侵入する。米インド太平洋軍は中国の対台湾武力侵攻に警戒を強め
ている[111]。台湾有事は直線的に海上物流障害を招く。「航行の自由」が保障さ
れないからだ。台湾海峡の平和と安定は日本を含む自由世界にとって必須課題
となる。

　中国は小笠原諸島から米領グアム，それに西太平洋の島国パラオを標的とす
る多彩なミサイルを保有する。中国保有の台湾を標的とする短距離ミサイルは
750～1,500発と米国は分析している。北京はまた，グアムを射程に入れる中
距離弾道ミサイルの増備もすすめる。もちろん米軍を排除することを軍事目標
に据える。

　パラオは台湾と外交関係を持ち，沿岸警備に関する連携協定を結ぶ。しかも
パラオは米国と自由連合盟約（COFA）を結んでいる。台湾は米国と沿岸警備
に関する協力で合意している。米国，台湾，パラオの3者が沿岸警備で協力す
る道が開けた。パラオは米国から財政支援を受けるうえ，国防を米国に依存す
る。米軍基地があるグアムに近い。まさに戦略的要衝地。名実ともに米国の
「チョークポイント（戦略的海上水路）」の役目を果たしている[112]。

　事態の重大性に鑑みて，ワシントンは中国に対する抑止力を強化するため
に，273億ドル（6年間）を投じて，沖縄からフィリピンに至る海上輸送路
（シーレーン）に沿う対中国精密ミサイル攻撃ネットワーク（地上配備型中距離ミ
サイル）を構築する[113]。米国とフィリピンはフィリピンで合同軍事演習を断
行，中国を強烈に牽制している。

　沖縄・尖閣諸島の防衛については日米安全保障条約，フィリピン防衛については米比相互防衛条約がそれぞれ適用される。米国，日本，フィリピンは東シナ海から南シナ海へのシーレーンを守り抜く構えを示している。同時に，米国は米海兵隊の分散を進め，任務を遂行する拠点を整備する（遠征前線基地作戦）。

　台湾当局も中国軍の上陸を阻止すべく，空中発射型ミサイルシステムや長距離ミサイルの配備など軍事力の増強に力を入れる。2021 年 3 月 25 日には米国と台湾が沿岸警備を協力して強化することで合意した[114]。ワシントンはまた，台北と外交交流を活発化する姿勢を強化している[115]。

　もって東シナ海，台湾，それに南シナ海での有事に備える。米インド太平洋軍（兵力 13 万 2,000 人）による対中国先制攻撃が想定されている。中国が保有する中距離ミサイル（巡航ミサイル，弾道ミサイル）に対抗する。

　もちろん日本やフィリピンの協力が必要なことは言うまでもない。ことに米国にとって日本は重要で，アジア地域における抑止力の基盤となる。日米同盟は異次元の局面を迎えた。日本政府・国民の決意と覚悟が問われるゆえんである。

　環太平洋パートナーシップ（TPP）協定加盟の意思決定を明確にした英国，南太平洋やインドの防衛に野心を燃やすフランス，中国の脅威を悟ったドイツは揃ってアジア重視の外交姿勢を強烈に打ち出している。NATO も外交・安全保障の指針でアジアシフトを鮮明にした。

　ドイツは 2021 年夏，フリゲート艦をインド・太平洋に派遣，海上自衛隊とドイツ海軍は共同訓練を実施する。ドイツ政府は安全保障を目的にインド・太平洋に関与する姿勢を明確に打ち出した。英国は最新鋭空母「クイーン・エリザベス」をインド・太平洋地域に送り込み，海上自衛隊と共同軍事演習を実施する。フランスもアジアに攻撃型原子力潜水艦「エムロード」や海洋支援艦「セーヌ」，それにフリゲート艦「プレリアル」を投入する。英国，ドイツ，フランスという欧州を代表する大国が中国の脅威を日本と共有することを意味する[116]。

　さらにインド・太平洋を包括する日本，米国，オーストラリア，インドの

「Quad（クアッド）」が鎮座する。フランスはベンガル湾（インド洋北東部）を舞台とする海上共同訓練「ラ・ペルーズ」を主導，海上自衛隊，米国，オーストラリアとともに共同訓練を実施している。この軍事訓練には 2021 年 4 月，インドも初めて参加した [117]。

　G7 外相共同声明では，中国の抑止を狙って，「台湾」問題を明記して，強烈に北京を牽制した。台湾の世界保健機関（WHO）会議への参加も支持している [118]。中国・北朝鮮包囲網は着実に前進している。

泥沼化する米国と中露の対立

　ホワイトハウスは 2020 年 11 月，領空開放（オープンスカイ，批准 34 カ国の軍事施設を上空から相互に査察できる）条約から正式離脱 [119]。ロシアがこの条約に違反したことを離脱の理由とした。ロシア戦闘機が米軍機に異常接近する事案が続出していたことは事実である。米国が離脱したことを受けて，ロシアも離脱する方針を表明している [120]。米露両国による軍縮条約の効力は明らかに低下している [121]。

　ロシアの軍事費は英国の 3 倍に相当する 1,500 億〜1,800 億ドル規模とされる。この大半を装備，すなわち戦闘機，軍用ヘリコプター，軍用ドローン，装甲車，潜水艦などの製造に充当されている。また，地上発射型短距離弾道ミサイル「イスカンデル」，水上発射型巡航ミサイル「カリブル」，空対地長距離巡航ミサイル「Kh − 101」といった精密誘導ミサイルの配備にも余念がない [122]。

　ワシントンが対ロシア，対中国不信を深め，軍縮・軍備管理の機運は明らかに萎んでいる。米海軍は 2020 年初めに潜水艦発射弾道ミサイルに爆発力を抑えた小型核を実戦配備し [123]，包括的核実験禁止条約（CTBT）違反となる爆発を伴う核実験再開（実爆実験）を検討するなど [124]，ロシア，中国も加わり，3 カ国が揃って「軍拡競争」を繰り広げている。潜水艦は今後，軍事戦略上，より一層，重要な武器となる。

　ホワイトハウスはまずは，ロシアとの核軍縮交渉を先行させて，ロシアを巻き込み，中露分断を促す戦略も練る [125]。ワシントンは対中国で米露の連携を

探りたい。一方，ロシアも中国もバイデン政権の外交戦略を見極めたい。拙速に交渉を進めるのではなく，バイデン大統領の出方を踏まえて，米国と対峙したい。モスクワが既存の世界秩序維持に興味を示さない一方，北京はそれを基盤に中国流の秩序に塗り替えたい。

加速する宇宙戦略

　米国は宇宙政策の指針となる「国防宇宙戦略」を発表，中国やロシアによる宇宙の軍事利用に対抗する[126]。宇宙空間分野では衛星情報を基にしたミサイル探知，軍事作戦の指揮・命令系統を混乱させる目的で，相手国の衛星を破壊，妨害する兵器の開発競争が巻き起こっている。中国は無人偵察機が使用する全地球測位システム（GPS）を混乱させて，偵察活動を無力化することを目的とするレーザー兵器を導入する[127]。

　中国は火星探査機「天問1号」を打ち上げて「宇宙強国」をアピール，宇宙分野でも覇権争い，支配権をめぐる競争が先鋭化している。火星探査機に関しては，アラブ首長国連邦（UAE）も日本から打ち上げている[128]。

　ロシア政府は欧州の飛び地カリーニングラード（ポーランドとリトアニアに挟まれた地域）に弾道ミサイルを配備すると同時に，中距離ミサイルの配備も急ぐ。これにより欧州全域を射程範囲内に収めることができる。米国側はカリーニングラード上空での査察飛行をロシアが制限したとも批判している。加えて，ロシア国防省は北極圏の実効支配強化にも余念がない[129]。

　米政府はドイツに駐留する米軍1万2,000人を削減，イタリアやベルギー，それに東欧諸国に配置転換する。米国防総省（ペンタゴン）によると，対露抑止力強化を目的としているという[130]。

　米露両国の相互不信は強まる一方で，収束する兆しはない。ワシントンは事あるごとに，北京を非難し，米中対立も一向に解消に向かわない。米中激突は1979年の外交回復以来，最悪の状況にまで先鋭化してきた[131]。

　米商務省は中国とロシアの航空宇宙分野に関係する企業を軍事関連企業に指定，米国製部品の輸出のハードルを引き上げた[132]。航空機産業のサプライ

チェーン（部品供給網）に打撃を与えるためである。中露両国は欧米諸国にサイバー戦（サイバー部隊），情報工作（ハッカー集団）でも攻勢をかけている[133]。

民主主義国家群 VS 全体主義国家群

　民主国家群と強権国家群とが正面衝突する構図が鮮明化してきた。ワシントン，北京，モスクワにはそれぞれの政治的思惑が先行して，対決構図を修正できないでいる。

　世界新秩序が構築される日は遠く，ゼロ極時代が長期化する様相を呈している。世界各国が海図なき漂流を続けざるを得ない国際関係へと変質してしまった。

　バイデン政権は米国と価値観を共有する国家群とともにロシアや中国と対峙する外交政策を展開する。ワシントンはアジアでは日本を重要視し，欧州ではNATOとの協調に力を入れる。

　バイデン大統領は大胆にもプーチン大統領を「殺し屋」だと公言，この発言を念頭にプーチン大統領はバイデン大統領に「体に気をつけろ」と言い放った。バイデン大統領を暗殺の標的にするという示唆だろう。また，プーチン大統領は 2021 年 4 月 21 日，年次教書演説で米国とその同盟国に対して，「レッドライン」を越えるなと警告し，そのラインはモスクワが決めると息巻いた。まさに侮辱と恫喝の応酬。関係悪化に歯止めがかからない実態を如実に物語っている[134]。

　国際協調は正しい道だが，米国が牽引できるのか，米国を中核とする国際秩序が再現されるまで，混沌とする国際情勢は継続する。

【注】

1）『日本経済新聞』2019 年 9 月 15 日号。
2）『日本経済新聞』2019 年 9 月 23 日号。
3）『日本経済新聞』2020 年 1 月 8 日号。

4）『日本経済新聞』2020 年 5 月 20 日号。

5）『日本経済新聞』2020 年 6 月 1 日号。

6）『日本経済新聞』2021 年 3 月 23 日号。

7）『日本経済新聞』2019 年 9 月 19 日号。

8）『日本経済新聞』2019 年 12 月 12 日号。

9）『日本経済新聞』2021 年 1 月 5 日号。

10）『日本経済新聞』2019 年 12 月 3 日号。*Financial Times*, December 3, 2019.

11）『日本経済新聞』2019 年 12 月 7 日号。

12）*Oil & Gas Journal*, February 3, 2020, p.52.

13）『日本経済新聞』2020 年 5 月 20 日号。

14）*Financial Times*, January 31, 2020.

15）『日本経済新聞』2020 年 2 月 19 日号。

16）『日本経済新聞』2019 年 9 月 5 日号。

17）*Financial Times*, September 5, 2019.『日本経済新聞』2021 年 1 月 28 日号。

18）『日本経済新聞』2020 年 2 月 7 日号。

19）『日本経済新聞』2020 年 3 月 8 日号。

20）『日本経済新聞』2021 年 5 月 3 日号。

21）『日本経済新聞』2020 年 7 月 28 日号。『日本経済新聞』2021 年 3 月 27 日号。*Financial Times*, March 27, 28, 2021.『日本経済新聞』2021 年 4 月 13 日号。『日本経済新聞』2021 年 4 月 21 日号。

22）『日本経済新聞』2020 年 6 月 24 日号。

23）『選択』2020 年 2 月号, 21 ページ。

24）『日本経済新聞』2021 年 3 月 26 日号。

25）『日本経済新聞』2020 年 1 月 15 日号。

26）*Financial Times*, January 15, 2021.

27）*Financial Times*, December 9, 2019.

28）*Financial Times*, April 1, 2021. *Financial Times*, April 3, 4, 2021. *Financial Times*, April 7, 2021. *Financial Times*, April 13, 2021.『日本経済新聞』2021 年 4 月 21 日号。*Financial Times*, April 23, 2021.『日本経済新聞』2021 年 4 月 23 日号。『日本経済新聞』2021 年 4 月 24 日号。*Financial Times*, April 24, 25, 2021. *Financial Times*, April 27, 2021. *Financial Times*, May 4, 2021.『日本経済新聞』2021 年 5 月 7 日号。『日本経済新聞』2021 年 8 月 24 日号。

29）*Financial Times*, April 14, 2021.『日本経済新聞』2021 年 4 月 14 日号。『日本経済新聞』

2021 年 4 月 16 日号。*Financial Times*, April 16, 2021. 『日本経済新聞』2021 年 4 月 17 日号。*Financial Times*, April 17, 2021.

30）『日本経済新聞』2019 年 10 月 4 日号。

31）『日本経済新聞』2020 年 1 月 23 日号。

32）『日本経済新聞』2019 年 12 月 25 日号。

33）『日本経済新聞』2020 年 3 月 4 日号。

34）*Financial Times*, March 2, 2020. 『日本経済新聞』2020 年 12 月 11 日号。

35）『日本経済新聞』2019 年 12 月 11 日号。『日本経済新聞』2019 年 12 月 10 日号。

36）*Financial Times*, January 30, 2020.

37）『日本経済新聞』2019 年 12 月 4 日号。

38）*Financial Times*, September 27, 2019.

39）*Financial Times*, September 5, 2019.

40）*Financial Times*, May 23, 24, 2020.

41）*Financial Times*, February 27, 2020.

42）『日本経済新聞』2020 年 5 月 20 日号。

43）*Financial Times*, October 22, 2019.

44）『日本経済新聞』2020 年 1 月 18 日号。

45）『日本経済新聞』2020 年 3 月 4 日号。

46）『日本経済新聞』2020 年 3 月 6 日号。

47）*Financial Times*, July 3, 2020.

48）*Financial Times*, July 17, 2020.

49）*Financial Times*, March 3, 2021. *Financial Times*, March 6, 7, 2021.

50）『日本経済新聞』2021 年 3 月 18 日号。

51）『日本経済新聞』2019 年 8 月 31 日号。

52）『日本経済新聞』2021 年 4 月 28 日号。

53）『日本経済新聞』2020 年 5 月 21 日号。

54）『日本経済新聞』2020 年 6 月 17 日号。

55）*Financial Times*, June 24, 2020. *Financial Times*, August 20, 2020. 『日本経済新聞』2020 年 8 月 21 日号。*Financial Times*, August 21, 2020. *Financial Times*, August 24, 2020. *Financial Times*, August 25, 2020. *Financial Times*, August 28, 2020. 『日本経済新聞』2020 年 9 月 3 日号。『日本経済新聞』2020 年 9 月 10 日号。*Financial Times*, September 24, 2020. *Financial Times*, October 15, 2020. 『日本経済新聞』2021 年 2 月 12 日号。『日本経済新聞』2021 年 3 月 20 日号。

56）『日本経済新聞』2020 年 7 月 1 日号。*Financial Times*, August 15, 16, 2020. *Financial Times*, August 19, 2020.『日本経済新聞』2020 年 9 月 15 日号。*Financial Times*, January 7, 2021.

57）*Financial Times*, October 3, 4, 2020.『日本経済新聞』2020 年 10 月 7 日号。*Financial Times*, November 2, 2020.

58）『日本経済新聞』2021 年 2 月 23 日号。

59）*Financial Times*, April 8, 2021.

60）*Financial Times*, April 26, 2021.『日本経済新聞』2021 年 4 月 26 日号。

61）『日本経済新聞』2020 年 9 月 30 日号。*Financial Times*, September 30, 2020. *Financial Times*, October 5, 2020.『日本経済新聞』2020 年 10 月 8 日号。『日本経済新聞』2020 年 10 月 10 日号。*Financial Times*, October 9, 2020. *Financial Times*, October 10, 11, 2020.『日本経済新聞』2020 年 10 月 14 日号。『日本経済新聞』2020 年 10 月 19 日号。*Financial Times*, October 19, 2020.『日本経済新聞』2020 年 10 月 23 日号。『日本経済新聞』2021 年 1 月 19 日号。

62）『日本経済新聞』2020 年 11 月 11 日号。*Financial Times*, November 11, 2020. *Financial Times*, November 13, 2020. *Financial Times*, November 19, 2020.

63）『日本経済新聞』2020 年 11 月 25 日号。

64）『日本経済新聞』2021 年 2 月 26 日号。『日本経済新聞』2021 年 3 月 2 日号。『日本経済新聞』2021 年 4 月 26 日号。

65）*Financial Times*, January 13, 2021.

66）『日本経済新聞』2021 年 4 月 9 日号。

67）『日本経済新聞』2021 年 1 月 13 日号。

68）『日本経済新聞』2020 年 10 月 7 日号。『日本経済新聞』2020 年 10 月 8 日号。『日本経済新聞』2020 年 10 月 10 日号。*Financial Times*, October 8, 2020.

69）『日本経済新聞』2020 年 10 月 12 日号。『日本経済新聞』2020 年 10 月 16 日号。*Financial Times*, October 16, 2020. *Financial Times*, October 22, 2020.

70）『日本経済新聞』2021 年 1 月 12 日号。*Financial Times*, January 29, 2021.『日本経済新聞』2021 年 1 月 29 日号。『日本経済新聞』2021 年 4 月 13 日号。

71）*Financial Times*, April 20, 2021.

72）『日本経済新聞』2020 年 11 月 17 日号。*Financial Times*, November 17, 2020.『日本経済新聞』2020 年 12 月 25 日号。

73）*Financial Times*, May 25, 2020.

74）*Financial Times*, February 19, 2021. *Financial Times*, February 24, 2021.

75）『日本経済新聞』2020 年 7 月 22 日号。*Financial Times*, July 8, 2020. *Financial Times*, July 15, 2020.

76）『日本経済新聞』2019 年 12 月 6 日号。

77）*Oil & Gas Journal*, February 3, 2020, p.53.

78）*Financial Times*, January 29, 2020.

79）*Financial Times*, October 31, 2019.

80）*Financial Times*, September 27, 2019.

81）*Financial Times*, October 2, 2019.

82）*Financial Times*, March 2, 2021. *Financial Times*, March 11, 2021. *Financial Times*, April 28, 2021.

83）*Financial Times*, March 23, 2021.

84）『日本経済新聞』2021 年 4 月 16 日号。『日本経済新聞』2021 年 4 月 19 日号。*Financial Times*, April 21, 2021. *Financial Times*, April 23, 2021. *Financial Times*, May 1, 2, 2021.

85）*Financial Times*, February 26, 2021.

86）『日本経済新聞』2020 年 3 月 30 日号。

87）*Financial Times*, February 20, 2020.

88）*Financial Times*, October 25, 2019.

89）*Financial Times*, November 19, 2020. 『日本経済新聞』2021 年 1 月 7 日号。

90）*Financial Times*, February 28, 2020.

91）*Financial Times*, May 25, 2020. *Financial Times*, June 6, 7, 2020.

92）『日本経済新聞』2020 年 2 月 7 日号。

93）*Financial Times*, May 29, 2020. *Financial Times*, January 12, 2021.

94）『日本経済新聞』2019 年 12 月 31 日号。

95）『日本経済新聞』2019 年 12 月 17 日号。

96）*Financial Times*, May 6, 2021. 『日本経済新聞』2020 年 4 月 7 日号。

97）『日本経済新聞』2020 年 4 月 1 日号。

98）『日本経済新聞』2019 年 10 月 25 日号。

99）*Financial Times*, October 23, 2019.

100）『日本経済新聞』2020 年 11 月 13 日号。*Financial Times*, November 18, 2020.

101）『日本経済新聞』2020 年 12 月 25 日号。

102）『日本経済新聞』2020 年 12 月 28 日号。

103）『日本経済新聞』2020 年 12 月 26 日号。

104）『日本経済新聞』2020 年 7 月 27 日号。

105）『日本経済新聞』2020 年 6 月 3 日号。

106）*Financial Times*, November 10, 2020.

107）『日本経済新聞』2021 年 1 月 22 日号。『日本経済新聞』2021 年 1 月 23 日号。*Financial Times*, January 23, 24, 2021.『日本経済新聞』2021 年 1 月 27 日号。『日本経済新聞』2021 年 1 月 28 日号。『日本経済新聞』2021 年 1 月 30 日号。『日本経済新聞』2021 年 2 月 2 日号。『日本経済新聞』2021 年 2 月 4 日号。『日本経済新聞』2021 年 2 月 5 日号。

108）『日本経済新聞』2020 年 6 月 24 日号。『日本経済新聞』2020 年 10 月 15 日号。『日本経済新聞』2020 年 10 月 17 日号。*Financial Times*, October 21, 2020.『日本経済新聞』2020 年 10 月 21 日号。『日本経済新聞』2020 年 10 月 22 日号。

109）『日本経済新聞』2020 年 8 月 16 日号。

110）『日本経済新聞』2021 年 3 月 24 日号。*Financial Times*, March 23, 2021. *Financial Times*, March 24, 2021.

111）『日本経済新聞』2021 年 3 月 26 日号。『日本経済新聞』2021 年 3 月 27 日号。*Financial Times*, March 29, 2021. 『日本経済新聞』2021 年 4 月 17 日号。

112）『日本経済新聞』2021 年 3 月 31 日号。

113）『日本経済新聞』2021 年 3 月 3 日号。『日本経済新聞』2021 年 3 月 5 日号。『日本経済新聞』2021 年 4 月 13 日号。

114）『日本経済新聞』2021 年 3 月 26 日号。『日本経済新聞』2021 年 4 月 8 日号。

115）*Financial Times*, March 31, 2021.

116）『日本経済新聞』2021 年 4 月 14 日号。

117）『日本経済新聞』2021 年 4 月 7 日号。

118）『日本経済新聞』2021 年 5 月 7 日号。

119）『日本経済新聞』2020 年 4 月 28 日号。『日本経済新聞』2020 年 5 月 22 日号。『日本経済新聞』2020 年 5 月 23 日号。

120）『日本経済新聞』2021 年 1 月 16 日号。*Financial Times*, January 16, 17, 2021.

121）『日本経済新聞』2020 年 7 月 11 日号。

122）『日本経済新聞』2020 年 11 月 20 日号。

123）『日本経済新聞』2020 年 6 月 11 日号。

124）『日本経済新聞』2020 年 6 月 12 日号。

125）『日本経済新聞』2020 年 8 月 20 日号。『日本経済新聞』2020 年 8 月 18 日号。『日本経済新聞』2020 年 8 月 16 日号。*Financial Times*, July 28, 2020.

126）『日本経済新聞』2020 年 6 月 19 日号。

127）『日本経済新聞』2020 年 7 月 29 日号。

128）『日本経済新聞』2020 年 7 月 24 日号。*Financial Times*, July 24, 2020.

129）『日本経済新聞』2020 年 4 月 27 日号。

130）『日本経済新聞』2020 年 7 月 31 日号。

131）*Financial Times*, May 9, 10, 2020.

132）『日本経済新聞』2020 年 12 月 23 日号。

133）『日本経済新聞』2020 年 7 月 18 日号。*Financial Times*, December 22, 2020.『日本経済新聞』2020 年 12 月 21 日号。

134）『日本経済新聞』2021 年 3 月 19 日号。*Financial Times*, March 19, 2021. *Financial Times*, April 22, 2021.『日本経済新聞』2021 年 4 月 22 日号。

第 IV 章

ロシア統治機構改革と経済

1. 統治機構改革の狙い

　最高指導者として 48 歳からロシア政界に君臨し続けてきたプーチン大統領。この先もいかにして強固な政治権力を保持し，統治していくか。自問自答したに違いない。悩んだ末に導き出した結論が「特殊作戦」とも形容できる憲法改正。大胆，かつ単純な方法で前進する道が選択された。

　では，どのような改憲内容とするのか。メディアは「院政」という表現を好むが間違っている。自己顕示欲の旺盛な人物が裏方に徹することはあり得ない。すべてを自分で決めないと納得できないトップは陣頭指揮を好む。

　まさに「プーチンの，プーチンによる，プーチンのための」専制統治機構。すなわち真の「プーチン体制」が構築されようとしている。そして，「終身最高指導者」への扉が開かれようとしている。

　その統治装置は具体的にどのような姿となるのか。クレムリン（ロシア大統領府）が描く政治シナリオを浮き彫りにしていく。

専制統治への道

　政治シナリオの第 1 ページは周到，かつ綿密に準備されていた。2020 年 1 月 15 日，プーチン大統領は満を持して恒例の年次教書演説に臨んだ。その場で提案された重要事項が憲法改正。そのポイントをまとめると次のようになる[1]。

　「国家評議会」は重要な国家戦略を協議する機関として位置づけられる。大統領の諮問機関から主要な国家機関に格上げされる形となる。大統領が組織する国家機関と規定され，大統領府，上下院，地方政府，経済団体などの代表が参加する。憲法改正法によると，内政と外交の基本方針，社会経済の優先的方針を定める役割を担うとされる[2]。この国家評議会は制度化され，大統領直轄の最高意思決定機関となる[3]。

　その上で「大統領府」から「下院（定数450）」に首相や閣僚の人事権が移管

される。おそらくは国家評議会はいわば，「持ち株会社」としての機能を果たし，その傘下に大統領府と下院が置かれるイメージとなる。司法や治安機関も傘下に収められるのだろう。かくして「三権分立」は無視される。地方分権も制限され，中央集権統治が強化される。ロシア特有の統治システムとなる。

　さらに現行の大統領任期は「連続2期」までから「2期」に制限されることになる。つまり大統領の権限が大幅に縮小される。議院内閣制と大統領制とが同居，並列するシステムとなる。内閣と下院は内政に集中し，大統領は主として外交に徹する。国家評議会はこれらを統括する。従来のような大統領一極集中を避け，プーチン大統領以外の人物が長期間，権力を掌握する道は閉ざされる。

　では，プーチン氏はどのポストを目指すのか。

　下院議長就任を予想する声が聞こえてくるけれども，「終身」への道が確保されない。そうではなく，大統領府，議会いずれかからの推挙を経て，国家評議会議長就任とすれば，国家評議会議長のポストが終身最高権力者の居場所となる。

　加えて，国家評議会議長が国家元首と新憲法に明記され，プーチン氏が鎮座できれば，プーチン体制「プーチンのロシア」は完結する。プーチン氏は国家の指導者，国父として永遠に君臨する。かくしてプーチン氏の目指す，ロシア流の権力機構が産声を上げ，実権を掌握し続けることになる。

ロシア改正憲法の特徴

　保守的な価値観を強調して，大衆受けにも余念はない。結婚は男女の結びつき（両性に基づく家族），生活の最低水準保障，ロシア語の公用語化，神への信仰，伝統の重視など民族主義・愛国主義色を濃くし，プーチン大統領の支持基盤である保守層の支持獲得を狙っている[4]。手続きとしてロシア憲法改正準備作業グループ（有識者による作業部会），国民投票が予定されていた。

　作業グループが新憲法の条項を検討，改正案を提示した後，上下両院での承認通過を経て（2020年3月11日），全国投票（2020年4月22日実施予定だったが，

新型コロナウイルスの感染拡大で延期，4月22日はレーニンの生誕記念日）にかけられる。全国投票で投票実数の過半数の賛成が得られれば，改憲法案は成立する。投票率60%，賛成70%が数値目標として掲げられた。

新型コロナウイルスの感染拡大防止策として，ロシア政府は逸早く，国境を封鎖。国内では教育機関を閉鎖し，スポーツ・トーナメントの延期も決定された[5]。また，2020年3月18日から5月1日まで外交官を除く外国人の入国を原則禁止する入国制限措置も発動された[6]。

2020年3月25日，プーチン大統領は国営テレビを通じて緊急演説を実施，手厚い国民生活支援策を発表した。同時に，財源確保のため，増税策も公表，一定額を超える預金や有価証券の利子に課税される[7]。プーチン政権は危機感を強めた。

新憲法が発布，施行されれば，前倒しで大統領選挙が実施され，プーチン大統領の任期満了を迎える2024年以前に，新たな権力構造へとシフトする可能性もある。

新憲法には大統領の任期制限にこれまでの任期は算入しない条項が盛り込まれている[8]。これは2000年からのプーチン統治をリセットできること，プーチン大統領が次期大統領選挙に出馬できること，つまり「プーチン5期目・6期目」を意味する。プーチン大統領はまたも立候補するのか。

プーチン氏の大統領続投となれば，単純計算で2036年までのプーチン大統領が視野に入る[9]。この時，プーチン大統領は83歳。ソ連邦時代，レオニード・ブレジネフは79歳でこの世を去った。ヨシフ・スターリンは1924年1月から1953年3月の死去まで最高権力者の座にいた。プーチン大統領が2036年まで大統領の座に居座り続ければ，その在任期間はスターリンを抜くことになる[10]。

ロシア憲法裁判所は憲法改正法案を合憲と判断した[11]。有権者による全国投票で賛成票が過半数に達し，新憲法は発効した。

いずれにせよ，体制移行は実質的にスタートした。グローバル・スタンダードから逸脱する，ロシアの国際的孤立状態は一向に解消されない。国際法の規

範はことごとく無視されることだろう。ロシア新憲法は国際法よりも優位に立つことが想定される。国際法では原則として，国内法を理由とする条約不履行は認められていない[12]。

　事実，改正憲法には自国領土の割譲を禁じる条項（領土割譲の禁止条項）を盛り込むことが作業グループによって提案されていた[13]。領土の割譲や返還，それに交渉を憲法違反だとモスクワが判断すれば，国際条約の規定は無効となる。領土割譲禁止条項が新憲法の目玉となる。ロシアを愛する有権者を意識した条項となった。

「見果てぬ夢」と化す北方領土返還

　たとえ日本政府が具体的な対露経済協力を並び立てて，一方的に信頼醸成を目指し，融和政策を展開したとしても，ロシアの異質性は深まるばかりで，悲願の北方領土返還は実現しない。1956年の「日ソ共同宣言」（平和条約締結後に歯舞群島と色丹島を引き渡すと記されている[14]）はロシアによって一方的に反故，破棄され，遵守されることはない。日露間の貿易総額を1.5倍の300億ドルまでに増やすという数値目標は掲げられてはいるものの[15]，むなしく響く。

　日本政府は対ロシア政策の基本方針を維持し，対話を続けると強調するけれども[16]，北方領土は永久に返還されず，領土返還を平和条約締結交渉の前提条件とする日本政府にとって，平和条約締結は遠のく一方となる。日本側が国際司法裁判所（ICJ）に提訴すると息巻いても，ロシアの同意が必要となる。

　ロシアと国境を接する，バルト3国のエストニア（首都タリン）も日本と同様に国境問題を抱える。ロシアとの独立戦争を終結させ，エストニアとロシアの東部国境を決定したとされる，1920年の「タルトゥ条約」は有効とエストニア政府は主張，1940年のソ連邦加盟は違法だとする立場を貫徹する。他方，ロシア政府側はエストニアがソ連邦の一部に組み込まれた際に無効になったと強弁。両国の歴史認識が正面衝突している[17]。

　ウクライナ領クリミア半島を強引に併合したモスクワを，エストニア政府は極度に警戒している。モスクワが業を煮やし，武力でエストニア領を強奪，国

境線を一方的に変更する可能性も浮上してきた。エストニアは北大西洋条約機構（NATO）に加盟する。クレムリンがNATOに挑戦状を突きつけたことになる。NATOとロシアとが武力衝突する事態も想定される。

　ロシアの元石油大手ユーコスの財産を国に不当に没収されたとして，元株主が起こしていた訴訟で，オランダのハーグ高等裁判所は原告の主張を認め，ロシア政府に500億ドルの支払いを命じた[18]。ロシア石油最大手ロスネフチがユーコスを強引に没収したが，これは明らかに国際条約「エネルギー憲章条約」に違反している。

　だが，ロシア新憲法にはロシアの裁判所が違憲とみなす国際機関の決定は履行しないと明記されている。おそらくロシア政府は賠償に応じない。500億ドルという賠償金はロシア連邦予算歳入の15％に相当する。今後，ロシア政府は自国に不利な判決，決定をことごとく退けるだろう。

プーチン大統領の魂胆

　プーチン大統領はソ連邦崩壊を20世紀最大の悲劇と嘆く，生粋の愛国主義者。自らがロシア政界の第一線から退くと，恐ろしい権力闘争が巻き起こり，収拾不可能となることを危惧して，権力を掌握する道を選択した可能性は否定できない[19]。プーチン氏不在のクレムリンは意外にも脆弱なのかもしれない。プーチン大統領は先行き不透明感を極度に嫌う。安定の道を最優先し，内政の動揺を予防しておきたいのだろう。

　2019年9月に引き続いて，2020年9月に統一地方選挙が，その1年後の2021年9月には下院選挙が予定されている。プーチン大統領の大統領任期が終了するのは2024年5月である。

　プーチン大統領はすでに2024年以降を見据えている。2024年を迎えると，世界主要国の最高指導者が一斉に交代する。外交・対外政策が継続されれば，問題は少ないが，流動化すると，国際情勢はますます複雑化する。個性的な指導者のうち，いったい誰が先に座を退くのか。当該国の世界的な影響力は指導者交代のタイミングに左右される。

　菅義偉首相の自民党総裁任期満了時期も絡んで，世界の近未来像がどのように描かれることになるのか。正念場に差しかかった。

　そこで，プーチン大統領が率先して先陣を切った。その手法はプーチン大統領が自らを正統化するために，公式に，かつ合法的に最高指導者，皇帝として君臨できる政治システムを作り上げていくことである [20]。権力機構の総点検はロシアの世界的地位を確保，安定化させるための，プーチン流の壮大な政治実験なのである。

　プーチン大統領は限りなく選択肢（オプション）を広げておきたいと目論んでいるに違いない [21]。大統領続投，国家評議会議長就任，下院議長，与党党首などに加えて，隣国ベラルーシ，ウクライナとの「国家連合創設」など野心は尽きない。国家連合体のトップに就任できれば，より強固な権力を掌握できる。

　さらに加えて，娘をプーチン大統領の後継者に据えるという究極の裏技も残っている [22]。ロシア社会が不安定化すればするほど，「プーチン一強体制」は強化され，かつ限りなく長期間続いていく [23]。

　モスクワはベラルーシに対して石油収入減保障を提案するなど，国家連合に向けて大幅譲歩 [24]。ウクライナとは欧州に天然ガスを継続供給することで基本合意している [25]。クリミア半島併合のみに満足せず，ウクライナ全土のロシア統合も視野に入れているはずである。クレムリンは「アメとムチ」を巧みに使い分け，連合国家創設に動いている。

　プーチン大統領に健康問題が発生しない限り，プーチン体制は続く。たとえ「反プーチン」運動が再燃しても，強引に押さえ込み，容赦なく粉砕するだろう。それでもプーチン大統領は安定を強弁，強調するだろう。

　プーチン大統領の健康問題と同様に，プーチン体制は明らかに制度疲労に陥っている。制度疲労は経済の停滞も誘発している。統治システムを刷新しても機能しないと意味がない。機能不全は権力の均衡を崩してしまう。その先に待ち受けるのは政治危機である。プーチン大統領は政治危機を未然に防ごうと統治装置の改革に着手した。しかし，政治改革が危機を招くかもしれない。

プーチン大統領は「全能の神」ではない。

2. 統治機構改革の序章

メドベージェフの動き

　年次教書演説終了直後，当時のメドベージェフ首相は内閣を総辞職すると表明，体制移行の第一歩を踏み出した。内閣がプーチン改革に全面協力することを内外に誇示した瞬間だった。メドベージェフ前首相は当面，安全保障会議の副議長を務めることになる。

　その議長は大統領，すなわちプーチン大統領であることから，メドベージェフ前首相は内閣総辞職後も要職を果たす方向性が決まった。メドベージェフ副議長は次期大統領選挙に立候補するかもしれない。ポスト・プーチン，ナンバー2の座を不動のものとするためである。

　ただ，メドベージェフ副議長は治安機関出身者でない。ポスト・プーチンの必要条件として治安機関出身であることが求められる。治安機関にはありとあらゆる情報が集結することから，統合情報センターとして機能する。

　足元のロシア経済は欧米諸国が発動した経済制裁と資源安で低迷をきわめ，市民の実質所得は過去5年，連続して低下し続けている。経済成長率は2%を下回る厳しい状況が続く[26]。その一方で，一握りのスーパーリッチに富が極度に集中，経済格差が拡大する結果を招いている。

　あわせて，2020年に入って世界を震撼させた新型コロナウイルスの猛威は震源地・中国の隣国ロシアも巻き込む。ロシア政府は中国国境をすべて封鎖したが，中国経済に対する依存を強めるロシア経済にとってはかなりの痛手となる。事態が長期化すれば，中露貿易に支障を来たす。2019年には中露両国による貿易総額は1,100億ドルに達し，中国はロシアにとって最大の貿易相手国となった[27]。

　また，2020年9月に実施された統一地方選挙では，プーチン大統領とメドベージェフ前首相が党首を務める，政権与党・統一ロシアが勝利したものの，

政党支持率は長期低迷している（2019年9月時点では32%[28]）。メドベージェフ前首相はロシア国民に不人気な政治家の一人である。とにかく有権者の不満は頂点に達している。

　本来ならば，メドベージェフ前首相は早期に更迭，辞任，内閣総辞職で失策の責任を負うべき局面にあった。ところが，プーチン大統領特有の温情主義で政府刷新は先送りにされてきた経緯がある。プーチン大統領に永遠の忠誠を誓うメドベージェフ前首相は決して左遷されない。それどころか，この先もプーチン大統領の側用人として，一定の権力が付与され続けることだろう。

内閣改造の狙い

　メドベージェフ内閣の後を引き継いだ人物は，サプライズ人事のミハイル・ミシュスチン氏。連邦税務局長官から抜擢された人選である。新型コロナウイルスのパンデミック（世界的大流行）の際には，自身も感染した人物でもある。連邦税務局は比較的独立性・透明性を保持する政府機関と位置づけられる。ミシュスチン新首相は連邦税務局から2名を引き抜き，副首相に指名している[29]。

　2020年1月21日に新内閣は発足，新たな顔ぶれが出揃った。改造内閣の最重要課題となる，国民の生活水準や民生・福祉の向上に総力を挙げて，取り組むことになる。公務員の給与引き上げや学校給食の無償化にも予算が計上されている。人口減少対策や国民生活の改善，それにビジネス・投資環境の改善，大国ロシアの実現といった課題はプーチン大統領が年次教書演説のなかで約束した施策である。

　ミシュスチン新首相はいわば実務派の「仕事人」。典型的なテクノクラート（技術官僚）として，IT（情報技術）を駆使した徴税システムを確立，税金徴収の裾野を広げ，大幅な税収増を実現した[30]。チームを作り上げ，動かし，実行に移し，結果を生む能力に長けていると聞く[31]。

　ミシュスチン新首相はアイスホッケーを通じて，プーチン大統領の信任を得たとされる[32]。アイスホッケーの場は非公式の重要会合の場の役割を果たす。派閥的にはメドベージェフ前首相が属するサンクトペテルブルク出身派ではな

く，治安機関派のいわゆる，シロビキに属する。プーチン・インナーサークルの一味である。

利権構造はプーチン大統領を中心に形成されている。ロシアでは権力も富もプーチン・インナーサークルに集中する。

プーチン大統領の有力後継者：ジューミン・トゥーラ州知事

連邦警護庁（FSO）出身のトゥーラ州知事アレクセイ・ジューミン氏もアイスホッケー仲間で，シロビキに属する。プーチン大統領のボディーガードも務めていたことがある，筋金入りの武闘派。もちろんプーチン・インナーサークルの一員である。クリミア半島併合を主導した人物としても有名だ。

トゥーラ州には軍事産業が集積する。ジューミン州知事はポスト・プーチン，大統領後継の若手有力候補者でもある[33]。ダークホースとも表現できよう。ロシアの情報工作人員規模は 15 万人にのぼり[34]，不動の地位を築いている。それだけに，ロシアの政財界では珍重される。

ポスト・プーチンの必要十分条件はプーチン大統領に忠誠を誓い，プーチン大統領の生命と財産を守り抜き，愛国者として体制移行をサポートする人物であることだ。メドベージェフ前首相は必要条件をすべて満たす人物だが，いかんせん国民には不評。次期大統領としての十分条件を満たさない。同時に，ミシュスチン新首相は政治経験を欠く。大統領には不適任だろう。ただ，ポスト・プーチンを占うのはいまだ時期尚早なのかもしれない。

新内閣の主要メンバー

ここで実務型となる新内閣の主なメンバーを紹介しよう[35]。

第1副首相には新任のアンドレイ・ベロウソフ大統領補佐官（経済担当）が任命された。長年，プーチン大統領の経済顧問を務めてきた人物である。唯一の第1副首相の座を射止め，新内閣の目玉人事となった。クレムリンの意向が新内閣に強く反映されることになる。大統領補佐官の前職は経済発展相であった。

　新内閣は財政赤字の拡大を覚悟して，景気刺激策，すなわち大幅な財政出動を優先することになる。内閣改造の主目的は財政出動の拡大にある。

　経済発展相には新任でロシア中部ペルミ地方のレシェトニコフ知事が就任，前任のオレシキン経済発展相は退任，クレムリン入りする。一方，タカ派のアントン・シルアノフ第1副首相兼財務相は第1副首相を解かれ，財務相として残留する。ノワク・エネルギー相も留任組となったが，厚生，文化，教育，労働，スポーツといった社会部門に関係する大臣はすべて入れ替えられることになった。

　対外的に重要な外相と国防相のポストには，それぞれラブロフ外相とショイグ国防相とが留任している。ロシアの外交・安全保障政策は大統領の専権事項で，対外戦略には継続性が優先された格好となっている。

　モスクワはジョージア（旧グルジア）に侵攻し，ウクライナ領クリミア半島を武力併合するなど，既存の国際秩序に挑戦状を突きつけてきた。この挑発的な対外戦略は今後とも続く。

　全体として，経済社会部門の関連閣僚が交代し，対外関連閣僚や安全保障・治安部門の閣僚は続投する，新内閣の姿が浮き彫りとなっている。内政重視のあらわれであると同時に，経済再建がロシアにとって急務であることを物語っている。ただ，今やロシア経済の6〜7割は国家部門が牛耳っている。「国家資本主義」と揶揄されるゆえんでもある。

　民間部門や中小企業の育成，国営企業の民営化が経済再建の王道となるが，既得権益が障害となって，遅々として進展しない。法の支配や言論の自由は制限され，産業の国家支配は強まる一方である。政権中枢からはリベラル派がことごとく追放され，純ロシア路線が求められていく。

　要するに，疾病の原因が解明され，その処方箋も存在するにもかかわらず，治療されない。これまで何度も繰り返されてきた過ちである。内閣改造だけでさまざまな社会経済課題を解決することはもはや不可能である[36]。

　独裁者1人に権力が集中し，国家資本主義に基づく経済運営が採用される構図は将来，延々と続いていく。中国を念頭に，独裁専制体制を堅持する国家群

に対抗し [37]，世界にロシアのプレゼンスを誇示するために他ならない。

3．経済再建は奏功するか

　周知の事実となってしまったが，ロシア経済を自由自在に操っているのは
プーチン大統領を取り巻くインナーサークルである。ロシアの富がプーチン・
インナーサークルに集中するシステムはすでに仕上がっている。

民業を圧迫する国家資本主義

　国営企業がロシア産業界に君臨し，その経営陣にプーチン・インナーサーク
ルの面々が集結する。今やロシア国内総生産（GDP）の 6 ～ 7 割を国営部門が
掌握する [38]。原油，天然ガス，金融，建設，IT，メディア，穀物など枚挙に
暇はない [39]。

　ロシアインターネット最大手のヤンデックスは事実上の国家管理下に置かれ
た [40]。公益ファンドが「黄金株」（重要な意思決定で拒否権行使）を保有して，
外資による買収を防衛する。同社はモスクワ証券取引所と米ナスダック市場に
株式を上場。ロシアネット検索市場の過半を占有し，ネット関連事業を広範囲
に展開する。タクシー配車など多様なサービスも手がける。雇用者数は 8,000
人を超える。

　IT 産業を戦略産業と位置づけるプーチン政権にとって，ヤンデックスの存
在は軽視できない。ヤンデックスを政府支配下に置いた結果，ロシア当局は国
民の銀行取引，通話記録，行動履歴，購買履歴，病歴といった把握したい情報
のすべてを手中に収めることが可能となった。

　ロシア市民の監視強化策としてネットが駆使されている [41]。ネット統制や
サイバー防衛を強化するクレムリンの思惑も反映されている。北京の手法と同
様である。個人情報はまったく保護されない。

　クレムリンの触手はメディアにも伸びる。クレムリンに近いイワン・エレミ
ン氏というメディア編集の企業幹部がロシアの独立系有力ビジネス紙ベドモス

チを買収したとベドモスチ自身が伝えている[42]。

　民業圧迫の典型的な弊害が顕在化する。汚職や腐敗は絶え間なく続き，国富の私物化に拍車がかかる。その原資の中核を占めるのは資源マネーである。エネルギー，非鉄金属，貴金属，宝石，原子力，武器・兵器，宇宙などはすべてアンタッチャブルな産業部門となっている。

　世界の経済が順調に推移して，拡大を遂げる限り，富分配のパイは膨張し，富は加速度的に増大する。だが，一転，逆回転・逆噴射の局面に入ると，景色は大きく変わる。投機マネーはリスク資産から去り，安全資産に逃げ込む。特に，外資の逃げ足は速い。

危うい過剰流動性相場

　新型コロナウイルスに世界が震撼した際，リーマン・ショック（金融危機）級の大混乱が巻き起こった。主要資源も売り込まれ，暴落する。2020年3月のパンデミック相場の際は，原油を筆頭に資源からもマネーは逃避した。国際原油価格は急落し，1バレル20ドル台に沈んだ。

　株式市場で弱気相場が定着すると，反転攻勢がきわめて困難となる。調整局面は長期化，含み損を抱え込む投資家が多くなり，売りは加速する。あわせて，資産安は家計，企業の心理を冷やす。

　世界経済は乱気流に巻き込まれ，視界不良で制御不能に陥る。不安が不安を呼び，金融市場はパニック状態となる。リスク資産，すなわち株式，新興国通貨，資源などからマネーが一斉に引き揚げられ，安全資産へと逃避する。国債，日本円，スイスフラン，金（ゴールド）など数少ない安全資産にマネーは集中，リスク回避姿勢が鮮明となる。

　資源安局面に突入すると，資源国としてレッテルを貼られた国は一層，厳しい憂き目に会う。資源価格が急降下することから，資源国の株式，通貨は急落する。中東産油国はもちろんのこと，ロシア，オーストラリア，カナダ，ノルウェーなどの資源国もマネー流出の洗礼を受ける。

　当然，ロシアからも大量のマネーが緊急脱出。ロシア株，通貨ルーブルなど

は連日，安値を更新，大暴落に見舞われ，一瞬にして巨万の富が吹き飛ぶ。国，企業の信用力を反映した，信用リスクを取引するクレジット・デフォルト・スワップ（CDS）の保証料率は急速に悪化，投資家がロシアの破綻を意識するようになる[43]。逆オイルショックが産油国ロシアを直撃する格好だ。

　ロシア中央銀行は通貨スワップで外貨を市場に供給し，金融システムの安定化を狙ったものの焼け石に水[44]。と同時に，外国為替市場では米ドル売り・ルーブル買い介入を断行，ルーブルの買い支えに走ったが，思惑通りに相場の安定には至っていない。ロシア中央銀行は2020年3月だけで70億ドルの外貨準備金を放出している[45]。

　ロシアのような経済的に脆弱な国は，たとえ核兵器の超大国であっても，金融市場では材料視されない。徹底的に容赦なく売り込まれ，哀れな姿を晒すことになる。

三重苦に直面するロシア経済

　ロシアの経済社会は三重苦を克服していかねばならない。

　第一に，卑怯にもクリミア半島を略奪した暴挙に欧米社会は激怒，経済制裁が科されてしまった。経済制裁でロシア経済は相当程度，痛みつけられた[46]。領土拡張の効果と制裁の費用を厳密に計算すると，その正確な損益を推し量ることはできない。ただ，ロシアの異質性が突出して際立っていることだけは確認できた。

　第二の障害物は資源安である。ロシアは世界を代表する資源国。石油・天然ガス産業が輸出の大半を占有，GDPの3分の1を占める[47]。連邦政府予算の歳入では石油・天然ガス産業が35％を占める。

　主要資源の国際価格が急落すると，その悪影響はロシアを直撃する。資源マネーの流入が滞ると，被害は経済全体に波及する。足元の資源安は一過性の問題ではない。需要減退と供給増大が招いた構造的な問題である。事態は長期化する恐れが生じている。

　第三に，新型コロナウイルスのパンデミックによる世界経済の減速リスクで

ある。当然，ロシアも無傷ではいられない。否，日欧米社会よりも傷口は広く，かつ深い。20世紀末に新興国を襲った通貨危機。ロシアのルーブルも格好の標的となった。ルーブル大暴落に金融当局は対処できるのか。

モスクワのシェレメチェボ国際空港が拡張されたことから，年間旅客数能力は倍増され，年間1億人の受け入れが可能となった[48]。欧州とアジア，特に中国の航空路線が激増していることに対応する。

10年前，中国からロシアを訪問する観光客は15万8,000人に過ぎなかった。ところが，2019年には200万人以上の中国人観光客がロシアを訪れるようになった。中国人観光客1人あたりの平均消費額は700ドルで，2019年には10億ドルの観光収入がロシアに舞い込んだ。観光収入はロシアにとって貴重な外貨獲得源となっている。シェレメチェボ空港では230万人以上の中国人観光客が利用し，そのうち126万人は乗り継ぎだったという。

ちなみにシェレメチェボ空港の権益もプーチン大統領のインナーサークルが握っている。ところが，コロナ・ショックでチャイナマネーは完全消滅。当然，ロシアの観光収入は激減する。

ソ連邦時代にルーツのある，大規模企業がロシア産業を牛耳る。このような企業はロシア各地に点在し，企業城下町を形成する。この企業城下町が社会コミュニティーの役割も兼ね備える。一つの大企業が窮地に陥ると，その悪影響は企業城下町全体に波及する。

コロナ・ショックと逆オイルショックが同時にロシアに襲来すると，たちどころに，ロシア経済は壊滅状態となる。ことに，ロシア経済と緊密につながる欧州と中国の経済的打撃はロシアにとって大打撃となる[49]。

難航する経済再建

ロシアはこの今世紀最大の試練を財政政策と金融政策で乗り越えることができるか，否か。

ロシア中央銀行は2020年2月7日，主要な政策金利を年6.25％から6.0％に引き下げたが[50]，同年3月20日の政策決定会合では追加利下げを見送ってい

る[51]。しかし，その後の金融政策決定会合では利下げを再開，2020年7月24日には年4.25％まで引き下げた。さらなる利下げを実施する可能性を示唆していたものの[52]，経済状況を総合的に見極めた結果，物価上昇が顕著となったことから軌道修正，一転して利上げに踏み切った。現在，ロシアの主要政策金利は年6.5％となっている。

　ロシア経済を回復基調に乗せられず，メドベージェフ内閣はついに総辞職。その後を引き継いだミシュスチン内閣が経済の建て直しに挑む。目的を達成するための手段は相も変わらず，新味の乏しい財政出動拡大策。国家事業の促進で年率2％台後半の経済成長率を実現できるか。

　ミシュスチン政府は2030年を視野に，官民で総額25兆7,000億ルーブル（44兆円）もの大枚をはたいて，インフラ（道路，鉄道，学校，病院など）を整備，経済成長の起爆剤としたい[53]。これはミシュスチン内閣が掲げる投資プログラムである。ベロウソフ第1副首相が主導して，経済刺激策をまとめ上げたとされる。国民生活の支援などにも追加支出し，統治機構改革の基盤を整える。

　ミシュスチン首相はメドベージェフ前内閣の財政引き締め政策を大転換，大規模財政出動策に打って出た。ただ，世界経済は大混乱の最中にある。シルアノフ財務相は「国民福祉基金」（1,190億ドル規模）から財源を確保すると胸を張るが，持続可能なのか[54]。ロシア経済再建には早くも暗雲が垂れ込めている。

　プーチン大統領は2020年1月15日の年次教書演説で，2021年に世界平均，すなわち2.6％を上回る経済成長を実現すると豪語した。そのとき，見えない敵となる新型コロナウイルスが忍び寄っていることをプーチン大統領は知る由もなかった。

　ミシュスチン首相に課された至上命令はこの経済目標を達成すること。失敗すれば，内閣を去ることになる。ただ，プーチン体制の長期化は経済面にも負の影響が及び，達成は困難を極める。

　ロシア連邦統計局が2020年2月3日に発表した2019年の実質GDP成長率速報値は対前年比1.3％増と，2018年の2.5％増から急減速[55]。原油や天然ガス

の輸出が減少しただけでなく，GDP の半分を占める個人消費が振るわない[56]。ロシアの潜在成長率は 1.5 〜 2.0% とされる[57]。

　続く 2020 年 1 〜 3 月期の実質 GDP 成長率は対前年同期比 1.6% 増だったと公表されている（2019 年 10 〜 12 月期は同 2.1% 増）[58]。コロナ・ショックによって世界原油需要は減少しており，ロシアからの原油輸出も比例的に振るわなかったのだろう。

　2020 年の国家予算規模はロシア GDP の 1.3% に匹敵する 2 兆ルーブルであるが[59]，ロシア中央銀行はコロナ・ショックや逆オイルショックで 2020 年の経済成長率をマイナス 4 〜 6% と予測していた。世界経済の大動乱でさらなる苦難が予想される[60]。1 バレル 35 ドルの原油価格水準で，2020 年の財政は 400 億ドルの赤字になると予想されていた[61]。足元ではこの油価水準を上回って推移するけれども，ロシア経済はまったく前進していない[62]。

　消費者物価上昇率は 2019 年 11 月で 3.5% と歴史的な低水準にとどまり，数値目標の 4% を下回る水準で推移していた[63]。しかし，物価が経済の体温であることを考えると，足元の経済的低温を的確に表現しているとも解釈できる。賃金は思うように上昇せず，2014 年以降，国民の実質所得は伸び悩む。ただ，通貨安が原因となり，足元の物価は上昇に転じている。典型的な輸入インフレである。

解決できない構造問題

　国民に負担を強いる年金改革は今もって不評である。プーチン政権の年金改革とは 2019 年から開始されている年金受給年齢を段階的に引き下げる取り組みを指す。男女とも 5 歳ずつ受給年齢が引き下げられ，2023 年までに男性が 65 歳，女性は 60 歳となる。日本と同様に，ロシアでも少子高齢化が進み，人口流出も止まらない。もって労働人口の確保が急務となっている。

　困窮する高齢者が増え，格差解消も進まない。年金受給者数は 4,600 万人にのぼるが，平均受給額は月額 1 万 4,000 ルーブルとロシア政府が定める必要最低限の生活費 1 万 753 ルーブル（日本円で 1 万 5,000 円ほど）を若干，上回る水

準に過ぎない[64]。必要最低限生活費を下回る収入で暮らす貧困層は 1,900 万人を突破，人口の 13.3％に達するという。その一方で，モスクワの平均月収は 6 万 6,000 ルーブル（2018 年）と全国平均の 2 倍である[65]。

　資源安はロシア経済全体に重くのしかかり，個人消費を蝕む。生活資金を調達するための消費者ローンは急増，社会問題に発展している。ロシア中央銀行によると，2019 年 8 月時点で家計債務は 16 兆ルーブルに及ぶという[66]。このうち高利ローンが過半を占める。ローン地獄は必ずや暴発する。

　2019 〜 2024 年期に総額 26 兆ルーブルがインフラの整備，保健・教育など 13 分野に投入される。また，子供手当てなど生活支援策も講じられる。ロシアも直面する少子高齢化を克服する構えだ。ミシュスチン首相は 4 兆ルーブル（600 億ドル）の追加財政支出を計画した。新たな財源には国民福祉基金が充当された。だが，国民福祉基金は早くも減少している[67]。

先行き危ういロシア経済

　ロシア政府は 2021 年の経済成長率を 3.8％増と予測しているけれども，実現できないだろう。コロナ・ショックと逆オイルショックのダブルパンチで国際通貨基金（IMF）は 2020 年の成長率予想をマイナス 5.5％と見通していた[68]。ロシア中央銀行は景気の低迷懸念とルーブル安の板挟みで思い切った金融政策を展開できない。財政収支も赤字転落している。

　可能性は低いものの，原油相場が 1 バレル 35 ドル以下に逆戻りすれば，大打撃は免れない[69]。余命 3 年。国民福祉基金の規模は 1,190 億ドルだが，3 年後には枯渇するだろう[70]。資源収入が激減すれば，ミシュスチン内閣が思い描く，ロシア経済の巡航速度乗せは早くも軌道修正を余儀なくされる。

　さらに加えて，コロナ・ショックの余波は農業・穀物貿易，ひいては世界各国の食糧安全保障問題にも及んでいる。

　たとえば，パンを主食とする国は小麦を確保しなければならない。ロシアは肥沃な穀物地帯に恵まれる，農業大国でもある。ロシアは小麦輸出で世界首位の座にあり（世界第 2 位はカナダ，3 位米国，4 位フランス，5 位オーストラリア），

2018年の統計数値で80億ドル超を輸出する[71]。その主要輸出先はエジプト（2018年実績で19億ドル），トルコ（9億ドル），バングラデシュ（4億ドル），スーダン（4億ドル），アゼルバイジャン（1億ドル）であり，トップ5カ国で37億ドルの小麦を輸出する。

　このような小麦貿易網が寸断されると，小麦価格は暴騰し，輸入国にとって食糧安保を揺るがす一大事となる。ロシア政府は自国内の供給を優先して，小麦の輸出を厳しく制限した[72]。具体的には，小麦，大麦，ライ麦，トウモロコシといった穀物の輸出に割当量制度を導入，2020年4～6月期の割当量は700万トンとなった[73]。この保護政策で当面はロシア国内の流通と価格は安定すると算段されていた。また，この段階では輸出量の削減も軽微にとどまっていた。

　しかしながら，ロシア農業省は事態の深刻さに鑑みて，さらなる厳格な措置へと舵を切る。2020年4月26日，同年6月まで穀物の輸出を停止する政策を講じた。当初予定していた輸出割り当て量700万トンが終了したことで輸出の全面停止に踏み切った。

　アジア諸国はコメの輸出を規制していた。小麦やコメといった主食の国際流通が滞り，国際価格が急騰すると，たちどころに，最貧国や紛争当事国の食糧危機を招くことになる。あわせて，欧米の農業は人手不足に直面，収穫が危ぶまれる事態となっている。水際対策の厳格化で出稼ぎ労働者の確保が困難となっているからだ。

　ロシア中央銀行が保有する，ロシア金融機関最大手のズベルバンク株式（50％プラス1株）をロシア財務省が購入するが，その資金（2兆5,500億ドル）は国民福祉基金から拠出される[74]。ズベルバンクの筆頭株主は中央銀行から財務省に移管される[75]。米ドルは通貨ルーブル防衛にも必要であることから，ロシアが保有する外貨は瞬く間に消滅していくに違いない。

　明るい知らせはある。アルコール中毒者が続出していたロシアだが，政府が大々的にキャンペーンを展開した結果，また，酒税引き上げを実施した結果，アルコールの消費量は減少，街からは路上飲酒者が減っている。国民の健康意

識も高まって，平均寿命も上昇傾向にある[76]。

　景気浮揚は実現困難な事業となる。ロシア極東からは住民が大量流出，人口減少に歯止めがかからない。プーチン大統領は2019年9月5日に開催された東方経済フォーラムで演説し，年2％の低利住宅ローン導入，医療システム整備，教育・文化施設充実といった具体的な対応策を述べた[77]。

　欧州部の大都市圏と地方都市の格差は歴然としている。この格差解消は容易ではなく，広がる一方となっている。この格差が与党の支持率低迷の一因であることを忘れてはなるまい。

【注】

1）『日本経済新聞』2020年1月17日号。

2）『日本経済新聞』2020年1月21日号。

3）*Financial Times*, January 21, 2020. 『日本経済新聞』2020年12月29日号。

4）『日本経済新聞』2020年3月5日号。

5）*Financial Times*, March 23, 2020.

6）『日本経済新聞』2020年3月17日号。

7）『日本経済新聞』2020年3月26日号。

8）『日本経済新聞』2020年3月12日号。

9）*Financial Times*, March 11, 2020.

10）*Financial Times*, March 13, 2020.

11）『日本経済新聞』2020年3月17日号。

12）『日本経済新聞』2020年2月22日号。

13）『日本経済新聞』2020年2月14日号。

14）『日本経済新聞』2020年2月27日号。

15）『日本経済新聞』2019年12月19日号。

16）『日本経済新聞』2020年2月15日号。

17）『日本経済新聞』2020年2月14日号。

18）『日本経済新聞』2020年2月20日号。

19）*Financial Times*, January 17, 2020.

20）*Financial Times*, February 27, 2020.

21）*Financial Times*, January 18, 19, 2020.

22）*Financial Times*, December 20, 2019.

23）*Financial Times*, March 13, 2020.

24）*Financial Times*, February 22, 23, 2020.

25）*Financial Times*, December 21, 22, 2019.『日本経済新聞』2019 年 12 月 23 日号。

26）*Financial Times*, January 27, 2020.

27）*Financial Times*, February 1, 2, 2020.

28）『日本経済新聞』2019 年 9 月 10 日号。

29）*Financial Times*, January 22, 2020. *Financial Times*, January 16, 2020.

30）『日本経済新聞』2020 年 2 月 2 日号。

31）*Financial Times*, January 17, 2020.

32）『選択』2020 年 2 月号，19 ページ。

33）『日本経済新聞』2019 年 6 月 25 日号。

34）『日本経済新聞』2020 年 2 月 9 日号。

35）『日本経済新聞』2020 年 1 月 23 号。

36）*Financial Times*, January 17, 2020.

37）*Financial Times*, January 17, 2020.

38）『日本経済新聞』2019 年 8 月 14 日号。

39）『日本経済新聞』2019 年 12 月 25 日号。

40）『日本経済新聞』2019 年 11 月 19 日号。『日本経済新聞』2019 年 11 月 20 日号。*Financial Times*, December 6, 2019.

41）『日本経済新聞』2020 年 5 月 13 日号。『日本経済新聞』2020 年 5 月 27 日号。*Financial Times*, May 12, 2020.

42）*Financial Times*, June 1, 2020.

43）『日本経済新聞』2020 年 4 月 23 日号。

44）『日本経済新聞』2020 年 3 月 11 日号。

45）*Financial Times*, April 11, 12, 2020.

46）*Financial Times*, January 30, 2020.

47）『日本経済新聞』2020 年 3 月 17 日号。

48）*Financial Times*, January 8, 2020.『日本経済新聞』2020 年 1 月 9 日号。

49）*Financial Times*, April 21, 2020.

50）『日本経済新聞』2020 年 2 月 8 日号。

51）*Financial Times*, March 21, 22, 2020.

52)『日本経済新聞』2020 年 7 月 25 日号。

53)『日本経済新聞』2020 年 2 月 5 日号。*Financial Times*, February 6, 2020. 『日本経済新聞』
　　2020 年 8 月 13 日号。

54)*Financial Times*, March 10, 2020.

55)『日本経済新聞』2020 年 2 月 4 日号。

56)『日本経済新聞』2019 年 8 月 14 日号。

57)『日本経済新聞』2019 年 12 月 27 日号。

58)『日本経済新聞』2020 年 5 月 20 日号。

59)*Financial Times*, February 6, 2020.

60)『日本経済新聞』2020 年 5 月 1 日号。

61)*Financial Times*, April 23, 2020.

62)*Financial Times*, January 24, 2020.

63)*Financial Times*, December 14, 15, 2019.

64)『日本経済新聞』2020 年 3 月 25 日号。

65)『日本経済新聞』2019 年 12 月 27 日号。

66)*Financial Times*, August 30, 2019.

67)*Financial Times*, April 23, 2020.

68)『日本経済新聞』2020 年 4 月 15 日号，『日本経済新聞』2021 年 8 月 14 日号。

69)『日本経済新聞』2020 年 3 月 24 日号。

70)*Financial Times*, December 14, 15, 2019.

71)*Financial Times*, April 6, 2020.

72)『日本経済新聞』2020 年 4 月 26 日号。

73)『日本経済新聞』2020 年 4 月 27 日号。

74)*Financial Times*, March 3, 2020.

75)*Financial Times*, February 12, 2020.

76)*Financial Times*, December 28, 29, 2019.

77)『日本経済新聞』2019 年 9 月 6 日号。

第 V 章

石油輸出国機構（OPEC）と ロシア

・・・

1．サウジアラビア VS ロシア

　仁義なき，不毛の原油価格戦争。サウジアラビアはロシアとともに米シェールオイルに挑む共闘を断念，ついにロシアと対決する道を選んだ。

　2020 年 3 月 5 日，石油輸出国機構（OPEC）は臨時の緊急総会を開催，石油担当閣僚がオーストリアの首都ウィーンに集結した[1]。当初，OPEC の盟主サウジアラビアは日量 150 万バレルにのぼる大規模な追加減産を実施する構えだった。新型コロナウイルスのパンデミック（世界的大流行）によって原油の世界需要が減退，国際原油価格が大暴落する事態に備えて，市場供給量を絞り込み，価格の下支えに動くためだった。

　ただ，この措置には OPEC 非加盟産油国のロシアが協調して，原油減産に同意すること，つまりロシアも原油減産に協力することが条件とされていた。OPEC 非加盟国を含めた「OPEC プラス」で減産に取り組まないと，価格下支え効果が発揮されないからである。OPEC プラスの産油量は世界原油生産の4 割超を占有する[2]。

油価重視のサウジアラビア，市場占有率重視のロシア

　だが，そもそもロシアの石油企業，特にロシア石油最大手ロスネフチは原油生産量の抑制には消極的である[3]。価格重視だったサウジアラビアと市場シェア（占有率）重視のロシア。両国の溝は深かった。減産交渉の決裂は必至の状況だった。

　OPEC プラスは 2017 年から協調減産を開始，すでに 2018 年 10 月を基準として日量 170 万バレルの協調減産を実施してきた。また，産油量のスイング・プロデューサー（需給調整役）を自認するサウジアラビアは自主的に日量 40 万バレルを追加的に減産してきた。ここに加えて，同 150 万バレルを上積みすると，合計同 360 万バレルの減産量となる。これは世界原油供給量の 3.6％に匹敵する。

　ウィーン入りしていたロシアのノワク・エネルギー相は減産幅の拡大に同意せず，プーチン大統領と協調減産の方針を協議するために，急遽帰国。再度，ウィーン入りする予定となっていた。だが，案の定，同年3月6日の閣僚級会合で協議は決裂。対立の溝は埋まらなかった。当然，国際原油価格は急落，1バレル20ドル台まで大暴落した。

　OPEC創設の主目的は原油価格の操作，価格カルテルがOPECの正体である。その枠はOPECプラスへと広げられ，カルテル機能の強化が図られた。だが，原油相場を下支えする主役は消え，価格維持体制は崩壊してしまった。

2．ロシア，サウジアラビアそれぞれのお家の事情

ロシアの事情

　ロスネフチを筆頭に，ロシアの石油企業は原油の協調減産に反対だった。減産で市場シェアを削ることを極度に警戒していた。事実，サウジアラビアが減産を粛々と死守する一方，ロシアは増産を続けていた。

　ロシア産原油の主要輸出市場は欧州と中国である。欧州や中国の市場に安価な原油が流入すると，ロシア産原油の価格優位は失われる。対抗して価格を引き下げると，利益を下押しする。仕方なく，シェアの低下を黙認せざるを得なかった。

　おそらくプーチン政権はOPECプラスからロシアが脱落しても，サウジアラビアは早晩，減産を断行し，価格の下支えに仕方なく追い込まれると予想していたに違いない。つまりロシアが交渉で強硬姿勢を貫けば，最終的にはサウジアラビア側が譲歩すると高をくくっていたに違いない。サウジアラビア側の想像を超える強気姿勢は，明らかにロシアの誤算である。もはや打算は通用しなくなった。

サウジアラビアの事情

　一方のサウジアラビア。さまざまな問題に直面しながらも，一応，2019年

12 月に国営石油会社サウジアラムコの株式上場を果たした。ただ，その株式上場は「史上最大の新規株式公開（IPO）」と前評判だけが先行。サウジアラビア国内の上場に限定された結果，資金調達は当初目標（1,000 億ドル）の 4 分の1 にとどまった[4]。サウジアラムコは国営石油化学サウジ基礎産業公社（SABIC）を買収，石油産業の上流から下流までを支配する垂直統合型の支配構造を仕立て上げた。

　それだけに外国市場で IPO に漕ぎ着けることは喫緊の経営課題であり，悲願でもあった。首尾良く事を成し遂げるには，原油価格の暴落だけは回避したい。サウジアラビアが OPEC プラスによる協調減産に執着し，価格を重要視した理由はここにある。

　一定の原油価格が維持される限り，米国の石油大手はフリーハンドで産油量を膨らませることができる。米国は OPEC にも OPEC プラスにも関与せず，市場原理のみに基づいて産油量を調節する。もちろん，過度な原油安局面では米系石油企業も無傷でいられない。社債の金利は急上昇，債務の再編が余儀なくされている[5]。

　サウジアラビアが大決断した原油の大幅な増産と販売価格の引き下げで，米シェールオイル開発企業も苦境に立たされた。環境を重視する投資家はいわゆる「ESG（環境・社会・企業統治）」投資へと舵を切る。化石燃料を扱うエネルギー企業への投資を手控えている。新規開発は資金難に直面，シェール開発を絞り込まざるを得ない[6]。そこへコロナ・ショックによる石油製品の需要喪失が追い討ちをかける。

米シェールオイルの変調

　2020 年に入って，米国のシェールオイル向けリグ（原油掘削設備・装置）稼働数が減少傾向を強める一方で，1 リグ基あたりの原油生産量は増加傾向を維持していた[7]。しかし今後，シェール開発向けの設備投資は大幅削減され，需要減少と原油価格下落に対応せざるを得ない[8]。新規事業は相次いで停止や凍結を余儀なくされ，資金繰りにも苦慮する。欧米の国際石油資本（メジャー）

は原油や天然ガスの開発中断も含めて，関連分野の設備投資を大幅に圧縮している[9]。

国際原油価格の大暴落はシェール生産の採算ライン（1バレル40～50ドル）[10]を大きく割り込む事態を招いた。油価が採算ベースを回復するまで，原油生産の再開も新規投資もできない。米国のシェールオイル生産量は日量200万バレル程度減少すると見込む試算もある[11]。

シェール業者は一般に，「低格付け債」（ジャンク債）に区分される社債を発行して資金を調達している[12]。金融市場がリスク回避に舵を切ると，投資資金は引き揚げられてしまう。原油相場低迷が長期化すると，エクソンモービル，シェブロン，コノコフィリップス，オキシデンタル・ペトロリアムといった一部の石油大手を除いて，中小規模の米シェール企業は金融危機に飲み込まれ，自然淘汰されていく[13]。

早速，米中西部バッケン鉱区の中堅シェール開発企業ホワイティング・ペトロリアムが原油価格の急落で経営悪化に陥り，破綻した[14]。また，エクストラクション・オイル・アンド・ガスも相次ぎ破綻。そしてついに，米シェール大手でシェール開発の先駆的存在の老舗チェサピーク・エナジー（米南部オクラホマ州）もデフォルト（債務不履行）に陥り，経営破綻に追い込まれた[15]。

他方，資金力のある米石油大手はシェール企業買収に動く。

シェブロンは米シェール大手のノーブル・エナジーを株式交換方式で50億ドルを投じて買収した。ノーブル・エナジーは最大鉱区パーミアンにシェール油田を保有しており，シェブロンはエクソンモービルに対抗できる[16]。また，米シェール大手のデボン・エナジーは同業のWPXエナジーを合併している。コノコフィリップスはシェール開発大手の米コンチョ・リソーシズの買収に動いた。

シェール企業の経営破綻が相次ぐなか，M&A（合併・買収）行動がシェール部門の生産効率を改善する。規模の経済性を追求できるからだ[17]。

資金繰りの厳しいシェール企業は資本市場にアクセスできない。バッケン鉱区では原油価格が最低でも1バレル35ドルのレベルを維持しない限り，油井

の再稼動は困難という [18]。

　これは市場原理が容赦なく作用する自然な姿である。米石油地帯ではエネルギー産業が経済の牽引役を果たしている。その裾野は広く，悪影響はサービス，建設，輸送，地銀など幅広い業種に及ぶ。負の連鎖は果てしなく続く。

一大産油国として存在感強める米国

　近年，米国の産油量は右肩上がりで堅調に推移し，日量1,300万バレルを生産する世界首位の産油国に大躍進，2019年9月には石油純輸出国に昇格した [19]。米エネルギー情報局（EIA）は2020年の原油生産量を日量1,299万バレルと予想していたが [20]，この見通しはかなり甘かった。なお，EIAが公表した2020年7月24日時点の米原油生産量は日量1,100万バレルと，同年3月13日の同1,310万バレル（過去最高水準）から激減している [21]。

　米原油生産量のうち，シェールオイルの占める比率は7割に達し，シェールオイルの最大鉱区パーミアンがあるテキサス州が全体の42％を占める [22]。それだけに，油井閉鎖と価格急落というダブルショックの打撃は大きい。パーミアン鉱区は地下のシェール層が比較的浅い場所にあり，生産コストが低い。また，製油所が集積するメキシコ湾にも近い。

　それでも，仮に国際原油価格が1バレル30ドルの水準で推移すると，日量100万バレルの原油生産が減少するという試算もある。2021年末に米原油生産量は日量250万バレル低下するという [23]。

　米国政府は2015年に原油輸出を解禁，2019年の原油輸出量は日量300万バレルに迫った [24]。米国にとって中東産原油は無用の産物と化し，対中東軍事関与の必要性は薄れた。米国産原油はアジアや欧州の市場で流通する。これは直線的に産油国からシェアを奪うことを示唆する。

　米国ではシェールガス由来の液化天然ガス（LNG）もシェールオイルとあわせて生産され，輸出されている。キャメロン，コルパス・クリスティ，サバイン・パス，フリーポート，エルバ，ゴールデン・パスといったLNGプロジェクトが多数，立ち上がっている [25]。

　米テキサス州フリーポートのLNG生産基地の取扱量は年間1,100万トン規模で，このうち大阪ガスが年間230万トンを調達する。大阪ガスは米シェール開発会社を子会社化している[26]。大阪ガスが川上事業にも進出している実態が浮かび上がる。東京ガスはテキサス州でシェールガス開発を手がけるキャッスルトン・リソーシズ（CR）への出資比率を70%超に引き上げ，子会社化した[27]。

　米国産LNGは大西洋経由で欧州諸国に輸出されると同時に，パナマ運河経由でアジア市場の開拓も進む。パナマ運河は通航枠が倍増されたことから，相対的に需要が旺盛なアジア向けは自ずと増える[28]。米EIAも米国の天然ガス生産量と輸出量とがともに2050年まで増加し続けることがメイン・シナリオだと報告している。また，2022年までにはLNG輸出がパイプラインによる輸出を凌駕するという[29]。

　カナダのアルバータ州は重質油のオイルサンドに恵まれ，埋蔵量は豊富だが，やはり大荒れの原油相場の悪影響を受けた。もともと採算水準が高いうえ，原油価格の急落でますます大きな打撃を被ることになった。原油価格が採算レベルを回復するまで，油田開発は中断される[30]。

チキンゲームの末路

　サウジアラビアとロシアは米国勢に対抗すべく，生産調整を余儀なくされてきたが，米国勢による原油の輸出攻勢に翻弄され，結果，愚かにもチキンゲーム的な様相を呈していた。追い詰められたサウジアラビア，ロシア両国は採算度外視で輸出シェアを保持せざるを得なくなってきた。

　サウジアラビアと違って，ロシアは天然ガスも大量輸出する。欧州とアジアがロシア産天然ガスの主要輸出市場となっている。特に，欧州市場はロシアにとって伝統的な中核市場。ロシア国営天然ガス独占体のガスプロムは2018年に欧州市場で510億ドルを稼ぐ[31]。しかし，欧州市場ではシェアが重視されることから，天然ガスの輸出価格下落を余儀なくされてきた経緯がある。

　とにかくロシアの対米対抗意識は凄まじい。政権要人から一般市民に至るま

で，対米嫌悪感が充満している。そのうえ，ロスネフチのセチン社長をはじめ，多くの政府要人は米国が発動した対露制裁の対象となっている。

　成功するかどうかはともかくも，ロシアは米国の石油産業，ことにシェールオイル生産企業を潰しておきたい[32]。ロシアの OPEC プラス決別宣言は米シェール企業に対する宣戦布告でもあった。

　サウジアラビアの背後には米国がひかえている。当初，モスクワはサウジアラビアと米国の分断を目論んだものの失敗。結果として，サウジアラビア，米国双方を敵に回してしまった。ロシアが OPEC プラス決別を宣言した結果，OPEC プラスは機能不全に陥ってしまった。

　カタールが 2019 年 1 月に OPEC を脱退したことに続いて，南米の産油国エクアドル（産油量は日量 54 万バレル）も協調減産に反発して，2020 年 1 月に脱退した[33]。サウジアラビアが原油生産調整役を放棄した今，OPEC は解体必至の情勢となっている。苛立ちを強めるロシアは独自の道を歩み始める以外に手立てを失った。

　北京が「デジタル人民元」の普及を目論み，基軸通貨の米ドルに対抗する一方，モスクワはエネルギー輸出をユーロ建てやルーブル建てで実施しようと躍起になっている[34]。また，外貨準備金（5,787 億ドル規模，2020 年 9 月時点[35]）の内訳を見ると，ロシア当局は米ドルの比率を減らし，ユーロや人民元，それに金（ゴールド）の保有を増やしている[36]。中露両国とも「脱米ドル」計画を進め，金融面の米国一強体制を崩したい。

サウジアラビアの熾烈な権力闘争

　OPEC プラス協議がウィーンで行われていた 2020 年 3 月 6 日，リヤドでは熾烈な権力闘争が繰り広げられていた。

　サウジアラビアではサルマン国王を頂点とする絶対王制が貫徹されるが，政財界で実権を握る人物は息子のムハンマド・ビン・サルマン皇太子。サルマン国王の健康不安が囁かれるなか，権力移譲を円滑に進めるべく，ムハンマド皇太子に権力を一段と集中させ，一強体制が着々と進む過程にある[37]。

　無論，強硬な統治スタイルに反旗を翻す王族はムハンマド皇太子にとって潜在的な政敵となる。ムハンマド皇太子は以前にも政敵を徹底的に粛清，排除してきた。ここにきて反逆罪を口実とする粛清の嵐が再び吹き荒れてきた。

　サルマン国王の弟アハマド王子，甥ムハンマド・ビン・ナエフ前皇太子，その弟ナワフ・ビン・ナエフ王子が拘束された。いずれも有力な王族である[38]。サウジアラビア王室内では珍しい光景が日々繰り広げられている。

　ムハンマド皇太子はロシアとの闘いと権力闘争を同時進行させていたわけである。権力闘争は今後とも継続するだろう。同時に，ロシアとの対決も長期戦となろう。

　サウジアラビアは自主的減産を放棄，OPEC を率いる役目を断念した。OPEC は空中分解，価格カルテルは機能不全に陥る。減産から増産，そして原油価格の下落容認へと大きく舵を切ったサウジアラビアの石油政策は奏功するか。

サウジアラビアの賭け

　サウジアラビアのムハンマド皇太子は全面戦争という大きな賭けに出る。サウジアラムコは 2020 年 3 月 10 日，原油生産量を現行の日量 970 万バレルから同 1,230 万バレルへと一気に引き上げると発表した[39]。日量 260 万バレル規模の増産はクウェート 1 国の産油量に匹敵する。

　サウジアラビアの原油輸出量は日量 1,000 万バレルを突破する[40]。サウジアラムコの生産コストはわずか 1 バレル 2.8 ドル程度（2018 年）とされる[41]。サウジアラビア政府は原油の生産能力を日量 1,300 万バレルに拡大する方針も打ち出していた[42]。

　ロシアや米国が求める減産協力を無視して，価格競争力を武器にサウジアラビア政府は原油の値下げ，値引きも容認。シェア重視へと石油政策の方針を大転換した。OPEC の盟主的地位を捨て去り，石油収入の確保を優先した格好だ[43]。

　もちろん攻撃の標的はロシア。空前のディスカウントでロシアから欧州市場のシェアを奪いたい。サウジアラビア産原油の主要輸出市場はアジア，米国，

欧州だが，アジア・太平洋市場が68％（2018年）を占める[44]。サウジアラビアはこのマーケットを失いたくない。

　サウジアラビアが大幅増産に踏み切ったことを受けて，これに対抗すべく，アラブ首長国連邦（UAE）のアブダビ国営石油（ADNOC）も日量100万バレル，ロシア（ロスネフチ）も同30万バレルの増産に動く[45]。

　サウジアラビアが販売価格を大幅に引き下げたことを受けて，イラク，クウェート，UAEなども追随値下げを表明した[46]。原油の世界供給過剰量は需要の2割強に相当する日量2,000万バレルを超える。原油の世界需要が大きく後退するなか，壮絶な価格競争が展開され，原油市場は大荒れとなる。

苦境に陥るサウジアラビア

　サウジアラビアの増産は長続きしない。既存油田が酷使される一方になると，耐久年数は短命化する。通例，手厚いメンテナンスが必要であるにもかかわらず，これを度外視して生産を続けると，油田は悲鳴を上げる。加えて，サウジアラビア経済の体力も消耗する。価格戦争に打って出たサウジアラビアだが，回りまわって，自国の経済を毀損することになる。

　また，国際原油価格が暴落すると，産油国は一様にオイルマネーの枯渇に見舞われる。財政赤字と貿易赤字という双子の赤字を抱え込み，経済停滞は避けられない。サウジアラビアの原油収入依存度は群を抜いて高い。国民の生活水準が目だって悪化すれば，不平不満は極限にまで膨張する。

　サウジアラビアに限定しても，サウジアラムコの外国市場でのIPOは延期せざるを得なくなり，同社の業績にも下押し圧力がかかる。そうなると，ムハンマド皇太子が進める，社会改革計画「ビジョン2030」，すなわち未来都市「NEOM」建設や「脱石油戦略」は頓挫する。

　再生可能エネルギーの普及や水素生産には資金の確保と外資系企業の協力が不可欠。逆説的だが，サウジアラビアの脱石油戦略を成功させる鍵はオイルマネーにある。その原資となるのがオイルマネーであり，サウジアラムコの外国株式公開であるからだ。

　実際，悲願の産業多角化は遅々として進まない。サウジアラビアの失業率は12.2％，若年層では30％に達する[47]。それに総人口に占める若年層は厚く，労働市場に続々と参入してくる。新規産業を育成し，一刻も早く新規の雇用を創出することこそが優先課題なのである。

　権力闘争が再燃する可能性も高まる。万が一，宮廷クーデターに発展すると，サウジアラビア王室に嵐が吹き荒れ，政局は一挙に流動化する。ムハンマド皇太子一強体制を脅かすかもしれない[48]。

　サウジアラムコの株価は一時，早くも公開価格32サウジリヤルを大幅に下回って推移した。国際原油価格の大暴落を背景に，株式市場が直撃された格好となった。サウジアラムコ株を購入した投資家は多額の損失を抱え込んだ。サウジアラムコ株の配当利回りが相対的に低いことから，公開価格は割高だと評価されている[49]。

　サウジアラムコはロイヤル・ファミリーにとって特別な存在，権力の源泉である。その価値が毀損することは許されないはずである。

　そこへ価格競争の激化を原因とする大暴落。供給過剰と需要喪失とが共鳴して，石油価格は急落した。またここに，コロナ・ショックも共振して，世界同時株安の渦に飲み込まれた。サウジアラムコの株式時価総額は減少の一途を辿った。

　しかも，サウジアラビアの外貨準備金は4,440億ドルとロシアの5,787億ドルよりも低い水準にある[50]。サウジアラビア中央銀行は2020年3月に外貨準備金を240億ドル，同年4月に210億ドルを取り崩し，400億ドル分をパブリック・インベストメント・ファンド（PIF）に移転したことを報告している[51]。PIFの会長はムハンマド皇太子である。PIFのルマイヤン総裁は年間400億ドルをサウジアラビアの巨大プロジェクトに5年間投下すると豪語する。

　しかし，サウジアラビアの外貨準備金は過去20年で最大の減少幅を記録，この5年間で20％減となった[52]。サウジアラビア当局はPIFの資産規模を倍増する計画を掲げるが，目的を達成することはできるのか。PIFが脱石油依存戦略やそれに伴う新規雇用創出を左右する。そもそもムハンマド皇太子は教

育・訓練の重要性を軽視している。加えて，権威主義・強権を嫌うバイデン米政権の国際協調路線はムハンマド改革のきわめて重い足枷となる。

サウジリヤルは米ドルにペッグ（連動，自国・地域の通貨価値を世界の基軸通貨に連動させる固定為替制度[53]）されているから，金融政策は自ずと制限される。国際原油価格の急落とコロナ・ショックのダブルパンチで財政赤字が急増し，赤字補填のために外貨準備金を崩す必要があったことを物語っている。

サウジアラビア政府は外国から資金調達しないと財政赤字を埋めることはできない[54]。サウジアラビア政府は 2020 年 7 月 1 日，付加価値税（VAT）の税率を従来の 3 倍となる 15％に引き上げ，さらには一部輸入品の追加関税（1,300 品目に最大 15％）を導入して新たな財源とした[55]。オマーンも 2021 年 4 月に 5％の VAT を導入した[56]。

イランだけでなく，ペルシャ湾岸産油国にも新型コロナウイルスの魔の手が伸びる。経済活動は停止に追い込まれ，モスクも閉鎖され，市民は自宅に引きこもった。主力の観光収入は消滅，観光業は悲鳴を上げる。

サウジアラビア政府は救済策として 320 億ドルを充当する。サウジアラビアの隣国バーレーンは原油安で経済難に直面した[57]。UAE 中央銀行は 340 億ドルの緊急融資を表明した。UAE のアブダビ首長国も景気刺激策を公表している[58]。もちろん債務は自ずと積み上がる。アブダビ首長国は 100 億ドル，カタールも 100 億ドル規模の債券を発行して，資金調達を急いだ[59]。

ペルシャ湾岸産油国の事情

通貨を米ドルにペッグしている国はサウジアラビアだけでない。バーレーン，クウェート，オマーン，カタール，UAE といった湾岸協力会議（GCC）に加盟する国はすべて米ドルペッグ制を導入している[60]。

米ドルにペッグすることで GCC 加盟国通貨は世界に信任されている。しかし，オイルマネーの流入が先細り，外貨保有量が減少に転じると，ペッグ維持が困難となる。そのリスクの可能性はオイルマネー次第となる。GCC 諸国の経済基盤は意外にも脆弱であることがわかる。

　ペルシャ湾岸産油国はまた，一様にアジア諸国から多数の出稼ぎ労働者を受け入れる。潤沢な外貨準備金を保有するとはいえ，景気後退が深刻化すると，出稼ぎ労働者にも悪影響は波及する。そうなると，出稼ぎ労働者は出身国に送金できなくなる。ペルシャ湾岸産油国からは失職したアジア人労働者（インド，パキスタン，フィリピン，スリランカなど）100万人以上が大量出国する[61]。

　世界銀行によると，2020年の出稼ぎ労働者による本国送金は世界ベースで1,000億ドルも蒸発して[62]，対2019年比で20％減の4,450億ドルに落ち込む見通しを示していた[63]。また，国際金融協会（IIF）によると，2020年の新興国（中国を除く）への送金額は2,230億ドルと対前年比で24.9％減になると試算されていた[64]。また，アジア開発銀行（ADB）は2020年のアジア地域への国際送金額が19.8％減，すなわち550億ドル減少すると予測した[65]。外国送金が激減し，新興国の打撃となることを物語っている。

　出稼ぎ労働者が本国に帰国できたとしても，母国でも雇用の受け皿は乏しい[66]。帰国者が母国にウイルスを持ち込み，新型コロナウイルスの感染が拡大するリスクも残る。このような悪循環を断ち切ることは容易でない。

　サウジアラビアを代表とする産油国はオイルマネー消滅，通貨下落，株価暴落，債券売り（長期金利の急上昇）の洗礼を受けることになる。産油国は逆オイルショックとコロナ・ショックの双方に急襲されてしまった。

3．正面衝突の結末

新型コロナウイルスに翻弄される世界

　突如，乱気流に巻き込まれた世界経済。新型コロナウイルスの震源地・中国武漢を起点にヒト，モノ，カネの移動が急停止した。ウイルスは韓国，イタリア，イランを発端として，世界中に拡散，蔓延した。日本にも飛び火したが，欧州諸国や米国は予想を超える痛手を被った。煎じ詰めると，感染を食い止める予防策は自宅待機しかない。感染を恐れ，市民は自宅に引きこもってしまった。

　モスクワは中国のマスク外交に対抗すべく，イタリアやイランに医療支援の手を差し伸べた[67]。

　イランは 58 年ぶりに国際通貨基金（IMF）に 50 億ドルの金融支援を懇願，米国政府には制裁解除を要請した[68]。2019 年の経済成長率がマイナス 9.5％に沈んだイラン経済[69]。イラン産原油の大半は中国に陸揚げされる。その中国は新型コロナウイルスの震源地。エネルギー消費量は確実に減少していた。

　原油収入の激減と相まって，コロナ・ショックでイラン経済は完全に麻痺してしまった。今のイランにとって経済制裁よりもコロナ・ショックのほうが大敵となった。負の連鎖は止まらない。

　新型コロナウイルスによる騒乱を好機とばかりに，イランやイタリアに急接近するロシア。イタリアを支援することで，欧州連合（EU）はロシアに科した制裁の緩和，解除に動くのか。ロシアの支援作戦は奏功するのか。ロシアは中国から輸送されたマスクを受け入れている。ロシアでも感染爆発が起きている。

姑息な中国の「マスク・ワクチン外交」

　中国武漢が発生源であるにもかかわらず，北京は新型コロナウイルスの感染蔓延が深刻な欧州諸国を標的に，医療用マスク，防護服，検査キットなどの提供を通じて支援の網を広げた。チェコには 110 万枚のマスクと人工呼吸器を緊急空輸，関係修復・強化の糸口を探った[70]。広域経済圏構想「一帯一路」戦略を念頭に，イタリア，スペインにも触手を伸ばす。

　バルカン半島の小国セルビアには医療専門家のチームを派遣した。オランダには中国の華為技術（ファーウェイ）がマスク 80 万枚を寄付，インターネットサービス最大手のアリババ集団は米ニューヨーク州に人工呼吸器 1,000 台を寄贈している。ただ，中国製の医療物資には粗悪品が大量に含まれていることも判明している[71]。

　北京が目論む支援の翼はアフリカにまで広がっている。主要国が揃って，国内の感染症対策に手を焼くのを横目に，ジンバブエ，エチオピア，セネガルで

新型コロナウイルス用に病院を改装するなど無償援助の分野を拡大している。アリババ集団は検査キット110万個などをアフリカに届けた[72]。中国当局は「健康シルクロード」と位置づけている。

　中国政府はワクチン外交にも余念がない。国営企業の中国医薬集団（シノファーム）製の新型コロナウイルス向けのワクチンに加えて，科興控股生物技術（シノバック・バイオテック）製のワクチン，康希諾生物（カンシノ・バイオロジクス）製のワクチンを開発途上国に売り込んでいる。中国製ワクチンを承認・契約した国・地域は70に達した模様である。

　ロシアも負けていない。ワクチン「スプートニクⅤ」の売り込み攻勢を仕かける。日欧米諸国は世界保健機関（WHO）の主導で共同購入するワクチンを公平に分配する国際枠組み「COVAX」で中露両国に対抗する[73]。

　欧米諸国は影響力拡大という北京の悪意に満ちた真意を見抜き，警戒を強める。北京の「コロナ外交」は自滅すると断じ，世界で孤立するリスクをはらむと警告する見解もある[74]。反対に，台湾が欧米などの友好国にマスク計1,000万枚を寄贈した際には，EUのフォンデアライエン欧州委員長は謝意を表明している[75]。

　しかし，残念ながら，北京の「コロナ外交」も「一帯一路」構想も頓挫する運命にある。そもそも中国が胸を張る支援とは，結局は中国の国益が厳密に計算された打算に過ぎない。そこには情の欠片もない。単なる「高利貸し」に過ぎない。中国の金融支援相手国は例外なく，コロナ禍に苦しむ。今後，中国に債務返済猶予が殺到するだろう[76]。債務の再編に応じるのか，それとも「徳政令」を発動して債務を帳消しにするのか。あるいは容赦なく，厳しく取り立てるのか。早晩，北京の本性が明らかになる。

混乱きわめた世界経済

　コロナ禍が原因で世界の実体経済は完全麻痺，その悪影響は当然，金融市場にも波及する。株式を筆頭にリスク資産からはマネーが引き揚げられ，株価は大暴落。安全資産と位置づけられる金（ゴールド）や日本円，米国債も投資家

は手放し，米ドルを必死に掻き集めた。一斉換金した結果，米ドルの独歩高を招いた。

　不況と株安は同時進行したが，事態の深刻さは世界大恐慌や金融危機を上回る。過去の不況期では店舗，施設の一斉閉鎖は回避された。だが，今回は違う。経済活動の自粛が要請され，悪循環を断ち切る市民の努力さえ完全否定された。

　ここに加えて，逆オイルショックが発生。コロナ・ショックを原因とする経済クラッシュが増幅されていく。国際エネルギー機関（IEA）は2020年の世界原油需要が対前年比で9％減の日量9,055万バレルと見通し，日量930万バレル減になると予測。通年では過去最大の減少幅だという[77]。

　IEAは同時に，日量500万バレル規模の供給過剰だと予測していた[78]。米金融大手ゴールドマン・サックスは原油の供給超過幅を日量568万2,000バレルと弾いた。その結果，原油貯蔵能力は限界点に達している[79]。また，IEAは2020年の世界エネルギー需要は対前年比で6％減になると予測，第二次世界大戦後最大の減少率を見込んだ（1945年の減少率は13％減）[80]。

　供給が過剰で，需要が減れば，否が応でも価格は下がる。原油相場が急落したことで資源国，新興国の市場から資金が逃避。資源国，新興国は株安，通貨安，債券安というトリプル安に見舞われる。信用リスクは警戒水域に突入，マネーの目詰まりが顕著となった。

　事態の深刻さに鑑みて，世界各国の政府は緊急の追加財政出動に踏み切った。あわせて，世界各国の中央銀行は大胆な金融緩和策を連発した。市場にマネーが戻っても，経済活動の自粛で使い道がない上，ウイルスは消滅しない。ワクチンや特効薬が開発され，商用化されないと，問題は根本的に解決されない。それだけに，経済活動がグローバル化した今日，コロナ・ショックの傷は深い。その深刻度は想像を絶する。

対応余儀なくされる中東産油国

　リーマン・ショック前夜，原油相場は史上最高値の1バレル150ドルを記録した。金融危機後には急落したが，危機が去ると，再び相場は上昇気流に乗った。そして，今回のコロナ禍でまたもや原油相場は急落。1バレル50ドル近辺で推移していた国際原油相場（北海ブレント先物）は急落，一気に半値以下となった[81]。中国経済が二桁成長に突入した2003年の価格水準に逆戻りした[82]。

　原油価格の安値水準は長期化するに違いない。産油国は原油相場の急降下に脅える日々が続く。

　程度の差こそあれ，産油国は例外なく，財政と貿易を原油の輸出に頼る。オイルマネーが財政を支え，貿易黒字を創出。全体として，社会を全面支援する経済構造が築き上げられている。

　財政均衡に必要な原油価格（2020年の財政均衡点，損益分岐価格，ブレークイーブン）はオマーンで1バレルあたり87.6ドル，サウジアラビアで同じく83.6ドル，UAEで同70.0ドル，カタールで同45.7ドル，クウェートで同54.7ドル，バーレーンで同91.8ドル，イラクで同60.3ドル，イランで同194.6ドル，カザフスタンで同55ドル，ロシアで同42.4ドル（ロシア財務省によると同25〜30ドル）だという[83]。

　現行の原油価格水準が継続する限り，有力産油国は当面，財政赤字を垂れ流し続けることになる。サウジアラビアの財政赤字は対国内総生産（GDP）比で13％程度だという。2021年の政府予算でも財政赤字は対GDP比で4.9％と見込まれている。新型コロナウイルス対策で緊急支援が要請される一方，歳出削減は不可避となる。

　そこでサウジアラビア当局はVATの税率を現行の5％から一気に3倍となる15％に引き上げた。また，歳出削減策も同時に発表した[84]。それでも財源が不足すれば，外国市場から資金を調達せざるを得なくなる[85]。増税は体制側にとって厄介な市民の政治参加要求の素地を生み出してしまう。

　オマーンの10年物国債の利回りは10％を突破，金利急上昇は信用コストを

押し上げる[86]。財源を欠く局面では財政出動にも限界がある。もって景気浮揚を実現するには時間を要してしまう。

　2021 年 3 月上旬にローマ教皇フランシスコ 1 世が訪問したイラクは IMF に合計 60 億ドルの緊急支援を要請している。新型コロナウイルスの感染拡大で財政収支が赤字となり，窮地に陥った。通貨ディナールの切り下げで輸入品が高騰，庶民の懐を傷みつける。イラクの 2020 年の経済成長率はマイナス 12％であった模様である。

　石油消費国にとって原油安は経済にプラスに作用する。ガソリン代や航空機用ジェット燃料，それに光熱費などが下がれば，経済的恩恵となる。しかしながら，外出自粛が要請されてしまうと，消費する術がない。むしろ消費者心理の悪化がプラス効果を打ち消してしまう。

　勝者なき闘争。サウジアラビアとロシアはこの先，米シェールオイルを意識して，対欧州市場への原油売込みに奔走するだろう。だが，対米共闘ではない。サウジアラビアもロシアも独自の手法で米国に対抗していく[87]。

　米国は石油の一大消費国であると同時に，世界最大の産油国でもある。産油国というカテゴリーでは米国，ロシア，サウジアラビアの 3 カ国が世界トップ 3 の座を占める。

還流するオイルマネー

　原油価格が過度に低下すると，産油国のオイルマネーが枯渇することから，米国，ロシア，サウジアラビア 3 カ国の石油企業は揃って資金面の目詰まりに直面することになる。資本調達コストは急上昇し，民間石油企業は市場からの退場を迫られる。つまりエネルギー市場の安定は米国，ロシア，サウジアラビア 3 カ国共通の課題となる[88]。

　産油国は一般に，政府系ファンド（SWF）を保有する。SWF の原資はもちろん，オイルマネー。SWF は世界各国の企業に投資，収益基盤の拡大を図る。その運用総額は 800 兆円にのぼるという[89]。オイルマネーは SWF を通じて，世界中の各種産業に還流される。

　たとえば，サウジアラビアのSWFであるPIFは英BP，英蘭ロイヤル・ダッチ・シェル，米ボーイング，米シティグループ，米バンク・オブ・アメリカといった基幹産業やウォルト・ディズニー，ホテルチェーン大手マリオット・インターナショナル，クルーズ船運航カーニバル，ホテル予約サイト・ブッキング・ホールディングスといった観光・エンターテインメント関連，米フェイスブック，米シスコシステムズを代表とするIT（情報技術）分野などに投資している[90]。

　原油価格が下落すると，産油国は金融資産の売却を急ぐ[91]。SWFは引き揚げられ，株価低下を招く。オイルマネーの消滅は世界の株式市場全体を揺さぶることになる。原油価格下落で石油消費国は恩恵を享受できるといった見方は事象の一面しか捉えていない。

　産油国の増産競争は過熱，秩序なき原油価格戦争は消耗戦へと突入した。これが新しい原油の世界地図であり，新たな現実なのである。原油安が長期化すると，世界経済のリスクはまた一つ追加される。「仁義なき戦い」はまだまだ続く。

　最終的に生き残れる国はどこか。サウジアラビア，ロシアの双方が折れ合い，妥協点を見出すことになるのか。米国政府もここに口を挟んで，サウジアラビアに原油減産を懇願することになるのか。

精彩欠くドバイ

　UAEの国際金融都市ドバイで2020年10月に国際博覧会「エキスポ2020」（万博）が開幕予定だった。世界各地から2,500万人の来場者が見込まれていた。不動産バブル崩壊の救世主として期待が高まる万博となるはずだった。しかし，東京五輪・パラリンピックと同様に，1年間の延期が正式決定されている。2021年10月1日〜2022年3月31日に日程は変更されている[92]。延期になったことで，短期的な経済効果は見込めない。

　ドバイの政府系機関が抱える債務はGDPの8割に匹敵する規模の889億ドルに達しているという[93]。ドバイの実業界は減税など政府による追加の救済

策を求めている[94]。UAE のアブダビ首長国による救済措置が必要な段階に突入した[95]。

国際線旅客数で世界首位を誇り，屈指のハブ機能を備えた，ドバイ国際空港を拠点とするエミレーツ航空の経営危機が一気に深まる始末。危機感を強めたドバイ政府はエミレーツ航空への資本注入に踏み切ったが，乗り切れるか[96]。ドバイ国際空港には英ロンドン・ヒースロー空港の国際旅客数を上回っていた実績があるものの，エミレーツ航空の完全復活は 2022 年になると予想されている[97]。

ドバイ経済の下支え役だった外国人労働者は職場を追い出されて，仕方なく出国を余儀なくされている。都市型リゾート滞在を目的とする富裕層がドバイに流入していたが，観光再開時期は見通すことができないでいる[98]。ドバイでは今，貿易・観光・海運に軸を置く，世界に誇った「脱石油」モデルが瀕死の状態にある。

原油戦争は終結するか

ようやく重い腰を上げた OPEC プラスは 2020 年 4 月 9 日，緊急のテレビ会議を開き，2020 年 5 月から日量 1,000 万バレルの協調減産で暫定合意し[99]，同年 4 月 13 日，同 970 万バレルの減産で最終合意した[100]。世界原油供給量の 10% に相当する大規模な減産となる。

サウジアラビアとロシアがそれぞれ日量 250 万バレルの減産に応じた[101]。原油の協調減産量は 2020 年 7 月から日量 770 万バレル，2021 年 1 月から 2022 年 4 月までは同 580 万バレルと減産幅が縮小されていく予定となっていた。ただ，その後，減産幅は再検討を重ね，2021 年初頭では日量 720 万バレルの減産水準が維持されていたが，ロシアに同 13 万バレル，カザフスタンに同 2 万バレルの減産縮小が認められたため，協調減産の規模は同 705 万バレル，同 690 万バレルと徐々に縮小されていく。

2021 年 1 月 5 日，サウジアラビア当局は原油の自主的な追加減産を表明（2021 年 2 〜 3 月期に日量 100 万バレルの追加減産），スイング・プロデューサーと

してOPECプラス全体を牽引する姿勢を鮮明にした。ただ，OPECプラスは今なお脆弱な状態で，枠組みを維持するだけで精一杯である。

OPECプラスについては，2021年2月に日量712万5,000バレル，同年3月に同705万バレルの減産幅とした。その後，2021年7月までに減産幅を日量110万バレル以上縮小すると決定され，サウジアラビアも独自減産を段階的にゼロにすると表明している。ロシアは原油の増産に踏み切る。

サウジアラビアは石油政策を二転三転した挙句，どうやら原点に戻ったようである。国際石油業界におけるサウジアラビアの威信は酷く傷ついた格好となっている[102]。

先に日量250万バレルの減産を表明したロシアだが，石油大手が対応に苦慮していた。ロシア産油量の4割以上を占有する，最大手のロスネフチは日量60万〜63万バレルの生産調整に踏み切る方針でいた。他方，民間大手のルークオイルは日量24万〜27万バレルの削減に応じる構えでいた[103]。だが，ロシアの本音は減産に反対の立場で，結果として，ロシアの産油量が減少に転じるかどうかはわからない状況だった。結果，ロシアは自国の増産主張を貫いた格好となっている。

コロナ・ショックによる世界原油需要の減少幅は日量2,000万〜3,000万バレル（IEAが示す数字では2020年3月日量1,080万バレル減，同年4月同2,900万バレル減，同年5月同2,580万バレル減，同年6月同1,460万バレル減[104]）と試算されていた。日量1,000万バレル程度の減産では供給過剰は解消できない。原油の備蓄，貯蔵能力は逼迫，ピークを超えている。

困難な需給バランスの回復

需給バランスを均衡化することは容易でない。産油国が提示した協調減産量に原油先物市場の反応は鈍い。原油価格の本格反発を狙った協調減産であるが，その目論見は早くも不発に終わっている。

OPECプラスの緊急テレビ会議に引き続いて，2020年4月10日，20カ国・地域（G20）のエネルギー相によるテレビ会議が開かれ，声明が発表された[105]。

「あらゆる政策を早急に講じる」としたものの，具体的な原油協調減産の数値目標は示されなかった。サウジアラビアやロシアは米国やカナダなどにも協調減産の輪を広げたい。

これに呼応して米国や中国が供給調整に動けば，事態は改善されるかもしれない。米国，カナダ，ブラジル，ノルウェーの4カ国が日量360万バレルの協調減産に同意している。減産の反対論は根強いものの，全米産油量の4割を占める南部テキサス州では生産制限の導入について検討されていた[106]。

また，中国，インド，米国，韓国が合計日量200万バレルを買い入れる方針だという[107]。ただ，OPECプラスによる合意が履行されない可能性もある。コロナ・ショックの長期化で原油需要が停滞し続ける可能性もある。

歴史に刻まれる原油価格の大暴落

米ウエスト・テキサス・インターミディエート（WTI）原油先物は2020年4月21日に一時，1バレル6.50ドルまで急落，終値は同11.57ドルとなった（6月物）[108]。北海ブレント6月物も同18.10ドルまで下げる場面があった[109]。それでも，下値不安は払拭されなかった。市場は原油価格が下落しても，需要喚起は望めないと診断していた。加えて，市場は原油協調減産の実現性が乏しいとも判断していた。原油価格の下値は1バレル15ドルとする指摘もあったが[110]，甘かった。

市場が大混乱に陥り，パニック状態になると，史上初の異常事態が連発する。その歴史的記念日を克明に記しておこう。

時は2020年4月20日正午ごろ，場所はニューヨーク原油先物市場。原油トレーダーの端末に通信社から「マイナス価格での取引は可能」との想定外の一報が流れた。このヘッドラインを契機に，ニューヨーク原油市場の先物価格が一気に崩れる[111]。WTI原油・期近5月物の清算値が1バレル・マイナス37.63ドルを記録，対前日比55.9ドルの下落となった[112]。

20日正午過ぎ，1バレル10ドルを割り込むと，10分おきに1ドル下がる展開となり，午後2時9分，節目の0ドルを割り込んだ。1バレル0ドルという

ボーダーラインが決壊すると，わずか20分後の午後2時30分，マイナス40ドル強にまで値崩れした。取引所は断続的に売買停止措置を講じたが，マイナス圏から脱出できなかった。原油需給が脆くも崩れたことを意味する。

　続く翌21日，原油先物の期近5月物は一時，1バレル1ドル台に戻る。だが，同日夕刻，再びマイナス圏に沈んだ[113]。原油相場の急落が再び導火線となって，金融市場全体に揺さぶりをかけた。原油安は金融市場を動揺させる潜在的な火種となった。

　米国最大のユナイテッド・ステーツ・オイル・ファンド（ティッカーシンボル，USO）を代表とする，原油先物を組み入れる上場投資信託（ETF）や原油先物指数連動の上場投資証券（ETN）が損失覚悟の手仕舞い売りを急ぎ，これが引き金となって損切りが殺到した[114]。

　ところが，原油価格は早晩，急反発するとの思惑から，個人投資家がETF取引を活発化させた模様だが，その読みが的中するとはこの段階では不明だった。「危険な賭け」となるかもしれない危うさを秘めていた[115]。

　原油価格は経済活動が再開されるとの思惑から期待先行で一旦，急反発している[116]。経済活動の再開で過剰在庫は早期に消化されていくという楽観シナリオが描かれているけれども，果たしてコロナ危機は本当に克服されたのだろうか。新型コロナウイルスの感染拡大が再度，到来する可能性を楽観シナリオは織り込んでいなかった。

苦悶する産油国

　米シェール企業が破綻すると，デフォルト（債務不履行）は免れない。産油国の信用リスクが急速に高まったことから，産油国のSWFによる換金売りも連想させた。サウジアラビアやロシアが「投資不適格」の烙印を押されてしまうと，産油国は一斉に奈落の底へと突き落とされる。

　サウジアラビアのPIF（資産総額3,250億ドル超）を筆頭に，産油国のSWFがハイリスク運用に傾斜したことは金融市場の波乱要因となる[117]。原油先物価格のマイナス圏突入は再現される可能性もある。

　大暴落の原因は原油の在庫が急増して，北米屈指の石油基地，米オクラホマ州クッシングなどで保管スペースが枯渇（全米の貯蔵能力は6億5,300万バレル）したことにある[118]。「マイナス取引」とは投資家が投げ売りどころか，カネを支払って，買い手に原油を引き取ってもらったことを意味する。原油の貯蔵コストが重くのしかかり，損失が膨張，これを回避すべく，投げ売る悪循環。国際原油市場は瞬間風速的に崩壊した[119]。

　石油消費国は従前より「原油価格カルテル」としてのOPECやOPECプラスによる生産調整には否定的な立場だった。だが，コロナ・ショックを受けて，傍観，放置することはできなくなった。そこで，OPECプラス枠外の米国，ノルウェー（2020年6月に日量25万バレルの減産），カナダなどが協調減産に協力する姿勢を示すなど，世界最大の石油消費国・米国がOPECプラスに減産を迫った[120]。

　だが，OPEC，OPECプラス，G20エネルギー相，OPECプラス枠外産油国が矢継ぎ早に意見交換し，協調減産へと歩調を合わせたにもかかわらず[121]，原油価格の本格反転には至らなかった。「掟破り」の産油国も散見される。サウジアラビアはアジア市場で大幅な値引きを継続し，ロシアは2020年4月に過去最大となる160万トンの原油を売りさばいている[122]。

　2020年に入ってから，原油相場は1バレル65ドル近辺から同20ドル近辺へと，一貫して下降トレンドを辿り[123]，2000年の価格水準へと逆戻りしてしまった[124]。相場反転どころか，さらに下押しし，再度，1バレル0ドルを割り込む可能性を否定できなかった[125]。

方針転換するサウジアラビア

　事態の急変を受けて，サウジアラビアは今後数年を視野に入れた原油減産を表明，増産から減産規模の深掘りへと方針転換した[126]。原油価格競争も封印した。だが，コロナ・ショックが全治するまで原油需要が回復しないことから，原油相場の低迷は続くだろう。サウジアラビアが市場の信頼を取り戻すことは容易でない。

　原油先物価格の急落後，値を戻しつつあるものの，上値は重かった。なぜか。それは新型コロナウイルス感染拡大の第2波，第3波が到来したからである。世界原油需要が今後しばらくは回復しないという思惑が先行して，積極的に買い進められない。

　特に，ニューヨーク先物の低位低迷が際立つ。原油減産や原油在庫をめぐって，欧州と米国の地域差が生じているからである[127]。ワクチンは早期に開発され，その接種は進むものの，治療薬が開発されるまでは原油需要の本格的回復は見込めない。一方で，産油国による減産規模では需給を均衡できない。

産油国の脆弱性

　産油国は一様にオイルマネーの消失に喘ぐ。一般に，産油国は財政収支と貿易収支をオイルマネーに全面依存する。オイルマネーが途絶えると，たちどころに財政赤字と貿易赤字の双子の赤字に直面する。観光収入も激減することから，経常収支も大幅な赤字を計上することになる。

　IMF は 1 バレル 20 ドル台の水準が長期化すると，中東産油国は 2,300 億ドルのオイルマネーを失うと見通していた[128]。サウジアラビア，ナイジェリア，UAE，カタール，イラク，ロシア，エクアドル，メキシコ，ベネズエラなど産油国の GDP は例外なく著しく収縮した[129]。

　世界経済の大停滞で原油の世界需要は大きく落ち込む。供給量を絞り込めば，需要低下の打撃を緩和できるが，OPEC が機能不全に陥り，OPEC プラスが空中分解する今，原油の協調減産は一向に進まない。

　ここに長期的な世界需要低下の芽が加わる。事実，ガソリン小売り店頭の価格が下がっても一時，まったく売れなかった。外出自粛・禁止や都市封鎖（ロックダウン）で乗用車や航空機すら必要ないからだ。

脱炭素化に舵を切る国際社会

　原油価格の長期低迷でガソリン価格が低下すると，期待されていた電気自動車（EV）の販売は打撃を受けるだろう[130]。再生可能エネルギー導入のインセ

148 ──◎

ンティブが削がれる面もある[131]。

　とは言え，コスト面の制約はあるものの，先進国を中心に再生可能エネルギー・水素といったクリーンエネルギーの普及が進展し，脱石油・脱化石燃料の大潮流が支配的となっている[132]。新興国の一部も再生可能エネルギーの導入に積極的に取り組む。世界原油需要の停滞は構造的・長期的な性格を帯びていく。しかもその変化は新型コロナウイルスによるパンデミック後も加速していく公算が大きい[133]。

　「ピークオイル（石油時代の終焉）」は原油埋蔵量の枯渇で現実化すると見通されてきた。だが，眼前に広がる光景は原油需要の消失で，すでに「ピークオイル」の局面を迎えている[134]。産油国が世界経済の主役を演じる時代は終わっている。産油国はオイルマネーをいかにして世界経済に浸透，循環できるかを追求すべきである。これこそが産油国が世界経済との共存を実現する方策である。

　当面，コロナ・ショックと逆オイルショックの二重苦で，エネルギー企業の新規投資体力は消耗，開発の中断を余儀なくされる。IEA は 2020 年の世界エネルギー関連投資が対前年比で 4,000 億ドルも減少すると予測していた。興味深いのは，化石燃料関連の投資だけでなく，再生可能エネルギー関連の投資も減退すると見通していたことである[135]。

　それでも，再生可能エネルギーへの転換とデジタル革命は同時進行していく。その共通因数はコバルトやリチウムといったレアメタル（希少金属）である。資源分野に限定すると，20 世紀は石油の時代であった。だが，21 世紀はレアメタルの時代と呼ばれるかもしれない。埋蔵地域が偏在することを背景に，今後，熾烈なレアメタル争奪戦が繰り広げられる公算が大きい。

　石油関連産業の裾野は意外にも広い。原油や石油製品を輸送する専用タンカーの需要も落ち込む[136]。不況が長期化すると，化石燃料の需要が減少することは当然だが，たとえばアパレル製品の需要も総崩れとなる。これは石油化学製品の需要も直撃する。このような負の連鎖は果てしなく続く。

　オイルマネーの流入停滞は一過性の現象ではない。世界原油需要の減少は長

期的な潮流となる [137]。OPEC 加盟産油国も OPEC 非加盟産油国も例外なく，この世界的な一大潮流の渦に巻き込まれていく。産油国は壊滅的な経済的被害に直面することになるだろう。

　中東地域では広大な砂漠があり，太陽光の利用余地は大きい。安全性や核拡散の懸念は残るものの，UAE などでは原子力発電所の設置も進む [138]。エジプトやヨルダンも原子力発電所の保有計画を進める。脱化石燃料へと舵を切ることは産油国にとっても重要な国家的課題である。

　世界首位の一大産油国に躍り出た米国だが，この先，産油量は減少に転じ，復活することはないだろう。米国にとっても石油の時代に終止符が打たれたのである [139]。すでに米国の産油量は 2020 年 5 月 8 日時点で日量 1,160 万バレルにまで減少している [140]。

　産油国自身が脱化石燃料と真剣に向き合わない限り，産油国，ひいては石油産業界は連鎖的に破滅していく。しかし，眼前に広がる光景は産油国同士の誹謗中傷。特に，米シェールを敵視する傾向が強い [141]。産油国の姿勢そのものが変質しない限り，時代の一大潮流に乗り遅れていく。

【注】

1）『日本経済新聞』2020 年 3 月 6 日号。

2）『日本経済新聞』2020 年 3 月 8 日号。

3）『日本経済新聞』2020 年 3 月 7 日号。

4）『日本経済新聞』2019 年 12 月 11 日号。

5）*Financial Times*, March 20, 2020.

6）『日本経済新聞』2020 年 1 月 29 日号。

7）*Financial Times*, March 4, 2020.

8）『日本経済新聞』2020 年 4 月 8 日号。

9）『日本経済新聞』2020 年 5 月 23 日号。

10）『日本経済新聞』2020 年 3 月 25 日号。

11）*Financial Times*, March 14, 15, 2020.

12）『日本経済新聞』2020 年 3 月 28 日号。

13) *Financial Times*, March 10, 2020.

14) 『日本経済新聞』2020 年 4 月 2 日号。『日本経済新聞』2020 年 4 月 3 日号。*Financial Times*, April 2, 2020.

15) 『日本経済新聞』2020 年 5 月 12 日号。『日本経済新聞』2020 年 5 月 13 日号。*Financial Times*, June 5, 2020. 『日本経済新聞』2020 年 6 月 29 日号。『日本経済新聞』2020 年 6 月 30 日号。*Oil & Gas Journal*, July 6, 2020, p.31.

16) 『日本経済新聞』2020 年 7 月 21 日号。*Financial Times*, July 21, 2020.

17) *Financial Times*, October 28, 2020. 『日本経済新聞』2020 年 9 月 29 日号。『日本経済新聞』2020 年 10 月 23 日号。

18) *Financial Times*, May 8, 2020.

19) 『日本経済新聞』2019 年 12 月 1 日号。

20) 『日本経済新聞』2020 年 3 月 13 日号。

21) 『日本経済新聞』2020 年 8 月 2 日号。

22) *Financial Times*, March 31, 2020.

23) *Financial Times*, March 26, 2020.

24) 『日本経済新聞』2020 年 3 月 24 日号。

25) *Oil & Gas Journal*, November 4, 2019, pp.16-19.

26) 『日本経済新聞』2020 年 5 月 12 日号。

27) 『日本経済新聞』2020 年 7 月 30 日号。

28) 『日本経済新聞』2019 年 11 月 8 日号。

29) *Oil & Gas Journal*, March 2, 2020, p.31. *Oil & Gas Journal*, March 1, 2021, p.6.

30) *Financial Times*, April 9, 2020.

31) *Financial Times*, October 14, 2019.

32) 『日本経済新聞』2020 年 3 月 23 日号。

33) 『日本経済新聞』2019 年 10 月 2 日号。

34) *Financial Times*, October 14, 2019.

35) 『日本経済新聞』2021 年 5 月 9 日号。

36) *Financial Times*, November 14, 2019.

37) *Financial Times*, March 9, 2020.

38) 『日本経済新聞』2020 年 3 月 8 日号。

39) 『日本経済新聞』2020 年 3 月 11 日号。

40) 『日本経済新聞』2020 年 4 月 1 日号。

41) 『日本経済新聞』2020 年 3 月 11 日号。『日本経済新聞』2020 年 3 月 13 日号。

42）『日本経済新聞』2020 年 3 月 18 日号。

43）*Financial Times*, April 16, 2020.

44）『日本経済新聞』2019 年 9 月 18 日号。

45）『日本経済新聞』2020 年 3 月 22 日号。『日本経済新聞』2020 年 3 月 12 日号。

46）『日本経済新聞』2020 年 3 月 17 日号。

47）*Financial Times*, December 11, 2019.『日本経済新聞』2021 年 1 月 28 日号。

48）*Financial Times*, March 9, 2020.

49）『日本経済新聞』2020 年 2 月 19 日号。

50）*Financial Times*, March 10, 2020.

51）*Financial Times*, June 2, 2020.　*Financial Times*, January 15, 2021.

52）『日本経済新聞』2020 年 5 月 12 日号。『日本経済新聞』2021 年 1 月 26 日号。

53）『日本経済新聞』2020 年 6 月 7 日号。『日本経済新聞』2021 年 4 月 4 日号。

54）『日本経済新聞』2020 年 5 月 14 日号。

55）*Financial Times*, May 26, 2020.『日本経済新聞』2020 年 6 月 26 日号。『日本経済新聞』
2020 年 7 月 4 日号。*Financial Times*, July 16, 2020.

56）『日本経済新聞』2020 年 10 月 20 日号。

57）『日本経済新聞』2020 年 3 月 11 日号。

58）*Financial Times*, March 24, 2020.

59）*Financial Times*, April 23, 2020.『日本経済新聞』2020 年 4 月 22 日号。『日本経済新聞』
2020 年 6 月 26 日号。

60）*Financial Times*, May 16, 17, 2020.

61）『日本経済新聞』2020 年 7 月 1 日号。

62）*Financial Times*, April 23, 2020.

63）『日本経済新聞』2020 年 5 月 10 日号。

64）『日本経済新聞』2020 年 7 月 20 日号。

65）『日本経済新聞』2020 年 8 月 3 日号。

66）『日本経済新聞』2020 年 5 月 22 日号。

67）*Financial Times*, March 24, 2020.　*Financial Times*, March 23, 2020.

68）『日本経済新聞』2020 年 3 月 25 日号。*Financial Times*, March 13, 2020.

69）*Financial Times*, March 23, 2020.

70）『日本経済新聞』2020 年 3 月 27 日号。

71）『日本経済新聞』2020 年 4 月 18 日号。

72）『日本経済新聞』2020 年 4 月 16 日号。

152 ──◎

73）『日本経済新聞』2021 年 2 月 19 日号。

74）『日本経済新聞』2020 年 4 月 24 日号。

75）『日本経済新聞』2020 年 4 月 6 日号。

76）『日本経済新聞』2020 年 5 月 13 日号。

77）『日本経済新聞』2020 年 4 月 16 日号。

78）『日本経済新聞』2020 年 3 月 22 日号。

79）*Financial Times*, March 19, 2020.

80）『日本経済新聞』2020 年 5 月 1 日号。

81）*Financial Times*, March 19, 2020.

82）『日本経済新聞』2020 年 3 月 19 日号。

83）『日本経済新聞』2020 年 3 月 10 日号。『日本経済新聞』2020 年 3 月 12 日号。『日本経済新聞』2020 年 4 月 30 日号。

84）『日本経済新聞』2020 年 5 月 12 日号。

85）*Financial Times*, March 10, 2020.

86）『日本経済新聞』2020 年 3 月 20 日号。『日本経済新聞』2021 年 1 月 26 日号。

87）*Financial Times*, March 18, 2020.

88）『日本経済新聞』2020 年 3 月 31 日号。

89）『日本経済新聞』2020 年 4 月 9 日号。

90）『日本経済新聞』2020 年 5 月 27 日号。*Financial Times*, May 26, 2020.

91）『日本経済新聞』2020 年 4 月 28 日号。

92）『日本経済新聞』2020 年 5 月 5 日号。

93）『日本経済新聞』2020 年 5 月 28 日号。

94）*Financial Times*, May 13, 2020.

95）*Financial Times*, May 11, 2020.

96）『日本経済新聞』2020 年 4 月 17 日号。

97）*Financial Times*, May 23, 24, 2020.

98）『日本経済新聞』2020 年 6 月 8 日号。

99）『日本経済新聞』2020 年 4 月 10 日号。

100）『日本経済新聞』2020 年 4 月 13 日号。

101）『日本経済新聞』2020 年 4 月 11 日号。『日本経済新聞』2021 年 3 月 6 日号。

102）『日本経済新聞』2021 年 1 月 7 日号。*Financial Times*, January 7, 2021. 『日本経済新聞』2021 年 4 月 3 日号。

103）*Financial Times*, April 17, 2020.

104）『日本経済新聞』2020 年 4 月 16 日号。『日本経済新聞』2020 年 4 月 20 日号。

105）『日本経済新聞』2020 年 4 月 12 日号。

106）『日本経済新聞』2020 年 4 月 16 日号。

107）『日本経済新聞』2020 年 4 月 19 日号。

108）『日本経済新聞』2020 年 4 月 22 日号。

109）*Financial Times*, April 22, 2020.

110）『日本経済新聞』2020 年 4 月 18 日号。

111）『日本経済新聞』2020 年 4 月 28 日号。

112）『日本経済新聞』2020 年 4 月 21 日号。

113）『日本経済新聞』2020 年 4 月 22 日号。

114）『日本経済新聞』2020 年 4 月 22 日号。『日本経済新聞』2020 年 4 月 23 日号。『日本経済新聞』2020 年 4 月 25 日号。『日本経済新聞』2020 年 4 月 28 日号。*Financial Times*, April 28, 2020. *Financial Times*, May 19, 2020.

115）*Financial Times*, April 22, 2020.

116）『日本経済新聞』2020 年 5 月 26 日号。

117）『日本経済新聞』2020 年 4 月 22 日号。

118）『日本経済新聞』2020 年 4 月 26 日号。

119）*Financial Times*, April 21, 2020.

120）『日本経済新聞』2020 年 4 月 14 日号。

121）*Financial Times*, April 11, 12, 2020.

122）『日本経済新聞』2020 年 5 月 1 日号。

123）*Financial Times*, April 22, 2020.

124）*Financial Times*, April 23, 2020.

125）*Financial Times*, April 23, 2020.

126）『日本経済新聞』2020 年 4 月 23 日号。

127）『日本経済新聞』2020 年 5 月 15 日号。

128）『日本経済新聞』2020 年 4 月 17 日号。

129）*Financial Times*, May 6, 2020.

130）*Financial Times*, March 11, 2020.

131）*Financial Times*, April 8, 2020.

132）*Financial Times*, May 1, 2020.

133）*Financial Times*, May 4, 2020.

134）『日本経済新聞』2020 年 6 月 23 日号。

135）『日本経済新聞』2020 年 5 月 28 日号。*Financial Times*, May 28, 2020.

136）*Oil & Gas Journal*, April 6, 2020, pp.56-59.

137）*Financial Times*, July 23, 2020.

138）『日本経済新聞』2020 年 7 月 27 日号。『日本経済新聞』2020 年 8 月 3 日号。『日本経済新聞』2021 年 3 月 17 日号。

139）『日本経済新聞』2020 年 5 月 14 日号。

140）『日本経済新聞』2020 年 5 月 16 日号。

141）*Financial Times*, April 25, 26, 2020.

第 VI 章
ロシアのエネルギー産業

1．ロスネフチ

ロスネフチの役割

　ロシア石油最大手のロスネフチは民間や国営の石油企業を矢継ぎ早に買収，企業規模を拡大してきた。当然，産油量，売上高，利益を順調に伸ばした。ロシア石油大手で民間のルークオイルや天然ガス独占体ガスプロムの子会社ガスプロムネフチなどと並ぶロシアを代表する大石油企業である[1]。

　原油輸出業務は国営トランスネフチが独占するが，ロスネフチはロシア国内の有力油田を所有する。それは西シベリアから東シベリアの油田地帯に広がり，サハリン（樺太）沖の海底油田（サハリン大陸棚）まで包括する。

　外国での油田権益取得にも余念はない。主として，親露の産油国に接近して，国際戦略を展開する。ルークオイルも外国での権益獲得を進め，たとえば最近ではアフリカ・セネガルの海底油田の権益を取得している[2]。ロスネフチの経営陣は化石燃料をコアとすることを明言し，再生可能エネルギーの重要性を否定する[3]。

　北極圏では資源開発事業「ボストーク・オイル」をロスネフチが主導する[4]。原油生産量は 2030 年までに年間 1 億トン，日量 200 万バレルに達する可能性があるという。ロシア産油量全体の 2 割，ナイジェリア 1 国の産油量に匹敵する規模だ。

　同時に，港湾施設（石油積出港），パイプライン，電力網，空港といったインフラも整備され，北極海航路（北回り航路）で原油が輸出される計画である。総投資額は 5 兆〜 8 兆 5,000 億ルーブル，1,570 億ドルと見積もられており，ロシア屈指の巨大事業となる。

　輸出標的市場の一つが米国，中国に次ぐ石油消費国のインド。インドはロシアの伝統的な友好国でもある。ロスネフチのセチン社長が自らインドの首都ニューデリーに乗り込んで，石油天然ガス相と会談，インド企業に投資を要請すると同時に，ロシア産原油を売り込んだ。

　ボストーク・オイルへのインド企業参加が基本合意され，ロシア産原油200
万バレルをインド国営石油インディアン・オイルに輸出する契約も締結され
た[5]。

　シンガポールを根拠地とする資源商社トラフィグラ・グループもボストー
ク・オイルの株式10％を75億ユーロで取得，そのうち15億ユーロは現金で
支払っている。この巨額投資はロスネフチとの関係強化には役立つものの，自
然環境問題や米国による経済制裁というリスクも抱え込むことになる。同じく
資源商社のグレンコアやビトルもロスネフチ産の原油を取り扱っているが，ト
ラフィグラの取引が最も多い[6]。

　なお，ボストーク・オイルには中国からの参画も期待が寄せられている。

　米国の有力石油会社は金融制裁を危惧して，次々とロシアからの事業撤退を
決断した。その一方で，ロシアに進出する石油会社もある。ノルウェーのエク
イナー ASA（旧スタトイル）はロスネフチが保有する東シベリアの陸上油田権
益49％を5億5,000万ドルで取得，開発・生産に携わる。日量7万バレルの産
油量を目指す[7]。

前途有望な北極圏

　北極圏の海底油田は今後，有望な油田地帯となる。ロシアの大陸棚には原油
換算で1,000億〜1,100億トンが埋蔵されるという。バレンツ海，カラ海を中
心に北極海大陸棚に集中し，特に，天然ガス田に恵まれる。

　ところが，問題は開発技術。ロシア企業単独では不可能で，外資の参入が必
要となる。そこで足枷となるのが制裁。ロシアからは米エクソンモービルと
いった優良企業が早々に撤退してしまった。ロスネフチはエクソンモービルと
カラ海で掘削を実施し，油田を発見していたが，エクソンモービルの撤退で中
断を余儀なくされている[8]。

　この空白を埋めるには先端技術が不可欠。クレムリン（ロシア大統領府）は
日本勢にも出資を打診しているが[9]，政治リスクや収益性も付加される不透明
感をいかにして突破するのか。ロシアのカントリーリスクが高まっている今，

慎重姿勢に徹せざるを得ない。

　ロスネフチやセチン社長は米財務省が発動する経済制裁の対象であり，その子会社のロスネフチ・トレーディングも制裁対象企業である。ロスネフチ・トレーディングがベネズエラ産原油の取引を行っていたことで，ロスネフチは同社を切り離すか，閉鎖しなければならない事態に追い込まれた。ロスネフチ・トレーディングはガソリンをベネズエラに供給する業務も手がけていたという[10]。

原油輸出大国としてのロシア

　ロシアは言うまでもなく，原油の純輸出国である。ソ連邦時代から西シベリアの油田と一大消費地の欧州を結ぶ陸上パイプラインでロシア産の原油を輸出してきた。最近ではアジア市場でもロシア産の原油が流通する。

　中国には陸上パイプラインで送油されるほか，東シベリア太平洋（ESPO）パイプラインがロシア極東のコズミノまで建設，敷設され，コズミノ港から石油タンカーでアジア諸国に輸出されている。

　日本市場にはサハリン産の原油に加えて，ESPO原油も輸出されるようになっている。いずれも大型タンカーで送油される。ただ，日本に輸入されるロシア産原油は2018年実績で全体の日量303万バレルのうち4.8％にとどまる[11]。

　原油高局面に突入すると必ず，原油調達先の多様化や分散化の必要性が声高に叫ばれ，脱石油を進める重要性が指摘される。しかし，「喉元過ぎれば熱さを忘れる」。原油価格が下がると，リスク回避姿勢が急速に萎む。日本はこれを繰り返してきた。結果，原油調達先の多様化も再生可能エネルギーの本格稼動も進んでいない。

2．ガスプロム

独占的地位を享受するガスプロム

　ガスプロムはロシア国内市場で天然ガスを採算度外視で安値販売する一方，

輸出で外貨を稼ぎ，財務基盤としてきた。ロスネフチは輸出部門をトランスネフチに依拠するが，ガスプロムは天然ガス田の開発・探鉱から，生産，加工，流通，輸出のすべてを統括する垂直統合型の独占経営体制を貫徹する。

　ロシアの石油業界では民営化が一定程度，観察できたが，ガスプロムは分割民営化を拒否してきた。その経営方針に今もって変化はない。2005年にはロシア石油大手のシブネフチを買収，ガスプロムネフチとして子会社化している。

　ガスプロムが所有する天然ガス埋蔵量は2018年12月末現在で35兆1,953億立方メートルである。2018年実績で天然ガス生産量は4,976億立方メートルで，ロシア国内生産の68.6％，世界生産の12％を占有する[12]。天然ガス輸出の主要市場はロスネフチと酷似する。

　ソ連邦時代からソ連邦構成共和国に加えて，陸上パイプラインで欧州市場に天然ガスを輸送してきた。ガスプロム生産量の4割程度が欧州市場に振り向けられ，同市場の38％をガスプロムが占める。

欧州とガスプロム

　欧州天然ガス市場の国別占有率（液化天然ガス［LNG］を含む）はロシア38.3％，ノルウェー24.5％，アルジェリア10.6％，カタール7.2％，ナイジェリア5.1％，英国4.5％，米国4.0％，その他5.7％となっている。欧州連合（EU）の原油も加えたエネルギー資源輸入ではロシア産が6割を占有する[13]。欧州諸国がロシア産資源に過度に依存する状況はまったく是正されていない。

　ロシアから欧州に至る天然ガス幹線パイプラインは複数ある。ベラルーシ経由で年間420億立方メートル（2018年実績），ウクライナ経由で800億立方メートル強，バルト海経由（海底パイプライン）で590億立方メートルが送ガスされている[14]。

　ただ，ウクライナ経由ルートは2020年に650億立方メートル，2021年から400億立方メートルと段階的に引き下げられる。

　ロシアからバルト海海底に敷設され，ドイツに至る天然ガス大型パイプライ

ンは「ノルド・ストリーム」と命名されている。現在，ノルド・ストリームに
並走（ロシア・フィンランド国境からバルト海海底を経て，ドイツに直結するルート）
する「ノルド・ストリーム2」（総延長1,200キロメートル）の建設も着工されて
いる。総事業費は95億ユーロにのぼり，年間550億立方メートルの送ガス能
力を備える。いずれもガスプロムがパイプライン建設を主導してきた。

トランプ前米政権が制裁カードを切って，ノルド・ストリーム2の建設に横
槍を入れてきた[15]。バイデン政権も基本的に同様の方針だったが，容認する
姿勢に転じている。ドイツの駐留米軍を削減して，ドイツの隣国ポーランドや
日本などアジアの同盟国に配置転換することをトランプ前政権は検討していた
が[16]，ノルド・ストリーム2への横槍と無関係でない。

また，ポーランド政府もノルド・ストリーム2の建設を勝手に断行したとし
て，ガスプロムに290億ズロチ（65億ユーロ）の罰金を科すとしている[17]。バ
ルト3国もポーランドと同じ立場にある。ロシアの温暖化対策が遅々として進
まないことから，環境問題を重視する欧州は脱炭素化を強く迫る。EUは2023
年までに規制が緩い国からの輸入品に関税や排出枠の購入義務を課す「国境炭
素調整」を導入する[18]。化石燃料大国のロシアにとって炭素関税は経済的痛
手となる。ノルド・ストリーム2が周辺国も巻き込んで物議を醸していること
は間違いがない。

ガスプロムはドイツからの支援を得て，経済制裁を回避する方策を探ってき
た。敷設作業はすでに終了している。ロシア・ドイツ直送ルートの送ガス能力
は倍増する[19]。

ホワイトハウス（米大統領府）の主がバイデン大統領へとバトンタッチされ
たことを受けて，ドイツ政府はロシアが資源供給を渋る，あるいはウクライナ
への圧力を強化するなど，強硬姿勢に転じた場合，ノルド・ストリーム2を使
う天然ガスの供給を停止する仕組みの導入を計画する。もってドイツ政府は米
国による制裁を回避したい。

バイデン政権もウクライナを迂回する天然ガス供給網を警戒している。この
懸念を緩和すべく，ドイツは譲歩案を提示する。プーチン政権が反体制勢力を

弾圧していることもドイツ政府の頭痛の種となっている。欧米諸国のみならず，ドイツ国内にもノルド・ストリーム２建設に反対する声は根強い[20]。

　ガスプロムは欧州市場で安値攻勢をかけ，シェア重視の姿勢を鮮明にしている。欧州には北アフリカ産の天然ガスや中東産の LNG などが流入，欧州諸国は脱ロシア産エネルギーを目標に掲げる。

　ここに楔を打ち込もうとガスプロムは躍起になっている。ただ，飽和状態にある欧州の天然ガス市場でシェアを拡張する余地は乏しく，輸出市場の開拓を積極化させ，多様化を図る必要がある。

　ガスプロムはトルコ市場の開拓にも乗り出している。黒海海底に敷設された「ブルー・ストリーム」では年間 130 億立方メートルのロシア産天然ガスがトルコに輸送されている。加えて，同じく黒海海底には「トルコ・ストリーム」（年間能力 315 億立方メートル，総延長 1,000 キロメートル）が建設され，ロシア産天然ガスがトルコに供給される予定で，同時に，トルコ経由でオーストリアやブルガリア，セルビアまで延伸される計画となっている。

重視されるアジア市場

　ガスプロムは中国市場の開拓にも余念がない。中国向けのエネルギー供給はロスネフチ（原油）が先行していたが，2019 年 12 月 2 日，ようやく中国へ天然ガスを輸出する初のパイプラインが稼動した[21]。東シベリアの天然ガス田をガスプロムが開発，幹線パイプライン「シベリアの力」で中国に年間 380 億立方メートルの天然ガスが供給される。

　「シベリアの力２」の事業化調査（FS）も進展している。シベリアの力２はモンゴル経由で中国に天然ガスを送る構想で，年間稼動能力は 500 億立方メートルとなる[22]。ヤマル半島産と東シベリア産の天然ガスを送る壮大な構想である。

　サハリン産の天然ガスをロシア極東（ハバロフスク，ウラジオストク）経由で中国東部に供給するプロジェクトも近く完成する[23]。

　ただ，中露間による価格交渉など詳細はいまだ不明である。米中対立を背景

に，中露間のエネルギー協力が進展することは充分想定される[24]。

「サハリン・プロジェクト」では原油と天然ガスの双方が開発，生産されている。天然ガスは主としてLNGに加工され，専用タンカーでアジア各国に輸出される。

もちろん日本もサハリン産LNGを輸入する。日本のLNG輸入量（8,290万トン，2018年実績）に占めるロシア産LNGの割合は8.1％である[25]。

「サハリン2・プロジェクト」のオペレーター（責任企業）はガスプロム（出資比率は50％プラス1株）だが，英蘭系国際石油資本（メジャー）のロイヤル・ダッチ・シェル（27.5％マイナス1株），三井物産（12.5％），三菱商事（10％）も権益を保有する。原油と年間1,000万トンのLNGが生産されている。

一方，「サハリン1・プロジェクト」にはロスネフチ（出資比率は20％），エクソンモービル（30％），サハリン石油ガス開発（経済産業省・伊藤忠商事・丸紅・石油資源開発，30％），インド石油ガス公社（ONGC，20％）が参画する[26]。これまでは原油生産が中心で，日本，中国，韓国などに輸出されてきた。

しかし，今に至って，原油とともに噴き出す天然ガスをパイプライン（総延長200キロメートル）でロシア本土のデカストリに送り，LNGの生産用に振り向けられる。もって石油会社のロスネフチが天然ガス産業にも踏み出し，ガスプロムと競い合う。この際，ロスネフチのセチン社長が来日，日本側の企業連合に事業方針を伝えている。

ロシア極東LNG生産基地の事業費は1兆円規模[27]。年間620万トンのLNGが生産される。生産されたLNGはサハリン2と同様に，専用タンカーで東アジア諸国に輸出される。

新型コロナウイルスと暖冬の影響が重なって，2020年1〜3月期におけるガスプロムの天然ガス輸出額は対前年同期比51.6％減の68億1,000万ドルにまで落ち込んだ。輸出量ベースでも同じく24.2％減の466億立方メートルであった。欧州市場には米国産やカタール産のLNGが流入，天然ガス価格の下押し圧力となっている。天然ガス消費量の低迷もガスプロムの業績悪化に影響している[28]。

独立系天然ガス大手ノバテックの台頭

　LNG 生産には独立系天然ガス大手のノバテックも取り組んでいる。ノバテックは原油も生産しているが，主力事業は LNG 生産にある。ノバテックはフランスのエネルギー大手トタルと共同で北極圏の LNG 生産事業「アークティック2」を進めている[29]。

　アークティック2には三井物産が石油天然ガス・金属資源機構（JOGMEC）と共同で 10％を出資している。2022 年末に完成予定で，年間 1,980 万トンの LNG 生産能力を備える[30]。日本勢による出資分 10％だけで 4,000 億円規模にのぼり，三井物産が 1,000 億円，JOGMEC が 3,000 億円を拠出する[31]。

　生産された LNG は砕氷 LNG 船で運搬，アジア市場に輸出される。ただ，砕氷 LNG 船の場合，運搬コストが高い。そこで今，中継地経由で一般の LNG タンカーに積み替えて，需要地まで運ぶ構想が練られている。

　欧州向けはロシア北西部のムルマンスク，アジア向けはロシア極東のカムチャッカ半島ベチェヴィンスカヤ湾（洋上式積替ターミナル）や北九州市でそれぞれ積み替え，輸出する構想である。

　ムルマンスクとカムチャツカでは積み替え用の洋上 LNG 基地が建設される。ただ，ベチェヴィンスカヤ湾はロシア太平洋艦隊の原子力潜水艦基地に近い。三井物産は危険な橋を渡っているのかもしれない。

　ここには商船三井が参入している。商船三井は LNG 船隊を 90 隻から 110 隻に拡大する。北九州市の中継地からのアジア向け輸出は福岡県の西部ガスが担う。西部ガスは LNG 貯蔵タンクを増設し，備蓄能力を強化する[32]。

　加えて，ノバテックは北極圏の LNG プロジェクト「ヤマル」（年間 LNG 生産能力 1,650 万トン）も主導している[33]。ヤマル LNG 事業の設計・建設には日揮や千代田化工建設が参入している。

　一方，ガスプロムも北極圏の天然ガス田開発に参入，ヤマル半島沖合のカラ海で 5,550 億立方メートルの埋蔵量がある天然ガス田や埋蔵量 1 兆 9,000 億立方メートルの天然ガス田を開発するという[34]。

　天然ガスパイプラインの建設と送ガスはともかくも，LNG 生産基地・輸出

部門ではロシアは後発組に甘んじる。生産・輸出規模を拡充し、市場の新規開拓に力を入れていく必要がある。

ただ、世界全体を見渡すと、天然ガス埋蔵国の大半がLNGを生産する、いわばLNG生産ラッシュが続いている。LNG取引では通例、長期契約が締結されるが、取引価格は国際原油価格の推移にほぼ連動する。原油価格が安値で低迷する今日、LNG価格にも下押し圧力がかかる。

事実、アジアLNG市場ではスポット（当用買い）価格が一時、過去10年で最安値に沈んだ（2020年4月中旬で100万BTU［英国熱量単位］2.4ドル前後）[35]。コロナ・ショックで世界のエネルギー需要が鈍化したからに他ならない。

とは言え、環境負荷を緩和する潮流に乗って、LNGを含む天然ガス資源は中・長期的には底堅い需要が想定される。電力の先物と同時に、LNG先物も国際金融市場で取引されるようになった。足元のLNG取引価格は、原油価格の上昇に比例して堅調に推移する。LNG需要が旺盛なことを物語っている。

クレムリン・エネルギー外交の担い手

原油も含めたクレムリンのエネルギー外交を具体的に担うのはロシアのエネルギー大手である。ゆえに、クレムリンのエネルギー外交とエネルギー大手の輸出市場開拓は車の両輪的性格を帯びる。

クレムリンのエネルギー外交は相手国・輸出先との関係に投影される。エネルギー輸出市場の新規開拓はクレムリン外交力の帰趨であると同時に、輸出先との関係強化を図る手段となっている。世界エネルギー地図は地政学も左右する。たとえワシントンによる強力な圧力があったとしても、ロシアは国の威信をかけて影響力の拡大に邁進する[36]。

撹乱要因は「OPECプラス」の空中分解であり、原油価格、ひいてはエネルギー価格の長期低迷である。ロシアはエネルギー外交を媒介として、世界エネルギー地図の塗り替えに挑戦している。これは地政学にも直結する[37]。

3．資源戦略の新展開

　ロシアが化石燃料大国であることは間違いはないけれども，世界各国は脱炭素へと舵を切る。脱炭素社会で着目される一つが次世代エネルギーの水素。水素であれば燃焼させても二酸化炭素（CO_2）を排出せず，しかも無限大の資源となる。水素社会となれば，燃料電池が脚光を浴び，それに伴って燃料電池車（FCV）が普及するだろう。コスト面のハードルを乗り越えることができれば，水素社会の到来は加速するだろう。

水素生産を目指すロシア

　ロシアも水素社会の到来に備える。ロシアの水素生産はいまだ限定的だが，ロシアエネルギー省によると，生産力を増強して，2024 年までに輸出に踏み切るという。当初の水素輸出量は 20 万トンにとどまるが，2035 年には 200 万トンを目指し，欧州やアジアに輸出する目標である[38]。

　水素の生産方法としては，化石燃料由来，CO_2 回収由来，再生可能エネルギー由来の三つの方法が検討されているが，天然ガスから生産することが水を電気分解するよりも経済的で競争力を備えるという。ガスプロム，ロスアトム（国営原子力会社），ロステフ（産業技術国策企業），科学アカデミーなどが水素プロジェクトに参入する予定となっている。

　有望な水素輸出市場としては，日本を含むアジア市場，欧州市場が検討されている。欧州市場にはパイプラインで，アジア市場には船舶による輸送が検討されている。国際エネルギー機関（IEA）のシナリオによると，水素の世界需要は現在の 7,100 万トン（2019 年）から 2040 年には 1 億 3,000 万トンに，2070年には 5 億トンを突破する[39]。

【注】

1）*Financial Times*, March 30, 2020.

2）*Oil & Gas Journal*, March 1, 2021, p.17.

3）*Financial Times*, September 29, 2020.

4）『日本経済新聞』2019 年 10 月 11 日号。

5）『日本経済新聞』2020 年 2 月 7 日号。

6）*Financial Times*, January 21, 2021.

7）*Oil & Gas Journal*, January 4, 2021, p.4.

8）『ペトロタック』2019 年 11 月号，820 ページ。

9）『日本経済新聞』2019 年 12 月 11 日号。

10）*Financial Times*, April 24, 2020.

11）『日本経済新聞』2019 年 11 月 5 日号。『ペトロテック』2019 年 11 月号，821-822 ページ。日本の原油輸入量国別シェアは以下のとおりとなっている（2018 年実績）。サウジアラビア 38.6％，アラブ首長国連邦（UAE）25.4％，カタール 7.9％，クウェート 7.7％，ロシア 4.8％，イラン 4.3％，イラク 1.8％，オマーン 1.7％，米国 1.7％，メキシコ 1.1％，カザフスタン 1.1％，エクアドル 1.0％，バーレーン 0.7％，インドネシア 0.7％，その他（『日本経済新聞』2019 年 11 月 5 日号）。

12）『ペトロテック』2019 年 12 月号，912-913 ページ。

13）*Financial Times*, September 15, 2020.

14）『日本経済新聞』2019 年 12 月 23 日号。

15）*Financial Times*, December 13, 2019. *Financial Times*, July 16, 2020. 『日本経済新聞』2020 年 12 月 25 日号。*Oil & Gas Journal*, November 2, 2020, pp.21-22. *Oil & Gas Journal*, November 2, 2020, pp.46-49.

16）『日本経済新聞』2020 年 6 月 26 日号。

17）*Financial Times*, October 8, 2020. 『日本経済新聞』2021 年 2 月 26 日号。

18）『日本経済新聞』2021 年 3 月 30 日号。

19）*Oil & Gas Journal*, May 4, 2020, pp.46-51. *Financial Times*, January 11, 2021.

20）『日本経済新聞』2021 年 2 月 23 日号。*Financial Times*, February 17, 2021.

21）『日本経済新聞』2019 年 12 月 24 日号。

22）*Oil & Gas Journal*, April 6, 2020, p.11. *Oil & Gas Journal*, October 5, 2020, p.17. *Oil & Gas Journal*, February 1, 2021, pp.45-47.

23）『ペトロテック』2019 年 12 月号，913 ページ。

24）『日本経済新聞』2020 年 5 月 29 日号。

25）『日本経済新聞』2019年11月5日号。日本の液化天然ガス（LNG）輸入国別シェアは以下のとおりとなっている（2018年実績）。オーストラリア34.6％，マレーシア13.6％，カタール12.0％，ロシア8.1％，インドネシア6.2％，アラブ首長国連邦（UAE）6.0％，ブルネイ5.1％，パプアニューギニア3.8％，オマーン3.7％，米国3.0％，ナイジェリア1.9％，その他（『日本経済新聞』2019年11月5日号）。

26）『日本経済新聞』2020年1月31日号。

27）『日本経済新聞』2019年12月21日号。

28）『日本経済新聞』2020年6月11日号。

29）『日本経済新聞』2019年11月14日号。

30）*Oil & Gas Journal*, May 4, 2020, p.10.

31）『選択』2020年6月号，65ページ。

32）『日本経済新聞』2020年3月6日号。

33）*Oil & Gas Journal*, October 7, 2019, p.11.

34）*Oil & Gas Journal*, July 6, 2020, p.9. *Oil & Gas Journal*, November 2, 2020, p.7.

35）『日本経済新聞』2020年4月15日号。

36）*Financial Times*, May 28, 2020.

37）*Financial Times*, January 28, 2020.

38）『日本経済新聞』2021年3月30日号。

39）『日本経済新聞』2020年11月3日号。

最終章

大胆予測
―21世紀の国際関係を読み解く―

幼少期，夢中になったテレビアニメ「鉄腕アトム」。手塚治虫氏の洞察力は鋭く，未来予想図を的確に見通していた。手塚氏のような先見性は容易に模倣できないけれども，でき得る限り，21世紀の国際関係をダイナミックに描いてみたい。独断と偏見，あるいは独り善がりの妄想だとのそしりを百も承知二百も合点で大胆に予想したい。

1．米国社会のゆくえ

米国（人口3億3,000万人）誕生の歴史的経緯が遠因で，社会の分断を解消できないでいる。平等・公平を追求する努力は続けられているものの，白人優位の現状を打破できない。だが，人口構造の変化は白人優位の米国社会を揺さぶる。

人口動態が揺るがす白人優位

地球規模のトレンドは米国社会にも投影される。白人の出生率が低い一方，ラティーノ（中南米系のヒスパニック）系や黒人の出生率は高い。白人の場合，マイノリティー（少数派）に比べると高齢化が加速する。移民の流入も連綿と続く。米国では伝統的に移民が社会を支える。白人人口は減少に転じ始めた。その一方で，ラティーノ，アジア系，黒人の人口は増加し続けている。米国社会の多様化は進む。

不法移民は警戒されるが，移民が否定されることはない。移民が米国社会の活力となってきたからである。結果，中期的に白人層が少数派に甘んじる日は必ずや到来する。白人の焦りは当然の帰結だろう。これは米共和党の焦りに他ならない。

この焦りが共和党内での醜い闘争を生む。異分子と見なす人物を追放し，投票制限で極右色を強める。「小さな政府」，自由貿易，国際協調─共和党が掲げてきた崇高な理念である。だが，共和党は大衆迎合（ポピュリズム）路線に舵を切り，本流の政治運営と距離を置く。

　自由貿易を否定して，保護主義に傾倒。外交では国際協調政策を軽視して，孤立主義に徹し，単独行動に走る。古き良き時代の共和党の輝きは色褪せてしまった。問題解決策を提示できない共和党の再生は不可能なのか。

　仮にラティーノや有色人種をリベラル派と見なすと，米国社会は全体として，否応なく，そして限りなくリベラル化していく。「ミレニアル世代」（1981〜95年生まれ），「Z世代」（1996〜2012年生まれ）といった現代に影響力を発揮する世代，都市部の市民が米国社会の中核を担う。これは当然，選挙の投票行動に直結する。

　大統領，上院，下院，州知事，州議会で民主党が席巻することになるのか。共和党は民主党支持者をどのようにして切り崩していくのか。共和党は思考停止を繰り返す限り，蘇ることは不可能である。

　民主党も共和党も冷静に人口構造問題と向き合う必要がある。銃が蔓延する米国社会では凶悪犯罪が後を絶たない。銃を容認し続けるのか，それとも厳しく取り締まるのか。民主党も共和党も明確な回答を避けている。

　民主党は極左，共和党は極右をいかにして懐柔し，翻意させるのか。両党とも中庸を得た政治を展開していくための土壌を整備していかねばならない。民主党と共和党の激突で被害を受けるのは他でもない米国民である。

　「小さな政府」は平時に機能するが，有事には不向きである。逆に，「大きな政府」は有事，非常時に効果を発揮するが，平時では社会の活力を削ぐ。「ゆりかごから墓場まで」流の福祉国家は米国社会に馴染まない。一方，貪欲な資本主義も社会を豊かにできない。

　市場の暴走を制御しつつ，躍動的な実体経済を構築するという難題に挑戦していかねばならない。これは党派を超越した社会的課題である。政党間の緊張は必要だろう。しかし，対立の連続では国民を幸福にできない。米国だけの問題ではない。自由世界全体の課題である。

本来，ダイナミックな米国の経済社会

　米国経済には計り知れない底力が備わっている。少子高齢化と無縁の人口ピ

ラミッドが米国経済の原動力であり，活力の源となっている。とは言え，財政赤字と政府債務の累積の放置は持続可能でない。米国市民の消費意欲が旺盛なゆえに貿易赤字は積み上がるばかり。財政赤字と貿易赤字という「双子の赤字」を解消しないと，基軸通貨・米ドルの魅力は毀損する。

　旺盛な消費ブームと住居費の高騰，それに通貨安は必ずや物価高を誘発する。集成材や人件費の急騰が続くと，需要が膨らむ木造住宅の建設費はどうしても高止まりする。タワーマンションの人気にも陰りはない。

　物流の停滞はサプライチェーン（部品供給網）の混乱を招き，物価高圧力の元凶となる。人件費の上昇は産業部門全般に波及し，企業業績を圧迫する。働き手の交渉力が強化されたことで，労働市場ではいわゆる「売り手市場」が常態化する。

　インフレーションが長期化すれば，中央銀行が繰り広げる異次元の金融政策は早晩，正常化する。量的緩和政策は終幕を迎え，ゼロ金利政策とも決別する日が訪れる。リスク資産市場の「宴」は終焉し，市場から大量のマネーが引き揚げられることになる。経済大国・米国でも例外でない。事前処理に失敗すれば，景気後退に突入する。

　老朽化したインフラストラクチャー（インフラ，社会的基盤）の近代化には財政出動が不可欠。加えて，経済の修復，成長にも財政出動が急務。気候変動への対応にも政府の役割は重い。経済大国を維持するための投資も不可欠となっている。

　財政赤字を解消できる要素は見当たらない。増税は避けられない情勢である。しかし，選挙前の増税は御法度。増税のタイミングは難しい。そもそも民主党は「大きな政府」を標榜する。いつ，「小さな政府」に軌道修正できるのか。

　米国が経済大国の地位を死守するためには，何よりも国際的な信頼度，信用力が肝心。軍事力の基盤は経済力にある。双子の赤字が顕在化すると，基軸通貨・米ドルへの売り圧力が強まる。逆に，米ドル高が定着すると，新興国の米ドル建て債務が膨張する。いずれの場合も世界経済変調の芽となる。

　米国の経済力維持には，世界中から有能な人材が流入することが前提条件となる。米国は今後とも，破壊的技術革新も含めた技術進歩の先駆者的立場を貫徹できるのか。この成否が米国のみならず，自由世界の命運を左右する。

2. 眼前に広がる経済課題

　IT（情報技術）部門を含めて，専門技術者や熟練労働者の不足が慢性化している。教育・訓練の過程が必要なゆえに，短期間で解決できない。勢い，専門技術部門の賃金は押し上げられる。賃金の下方硬直性は今もって有効である。一度引き上げられた賃金を引き下げることは難しい。賃金の上昇は物価上昇圧力となる。

　その一方で，労働生産性の高い高付加価値産業の雇用の裾野は広がらない。たとえば，ガソリンエンジン車，すなわち内燃機関車の雇用の裾野は広いが，電気自動車（EV）のそれは狭い。だが，時代は EV 生産を自動車産業の中核に据えるように要請する。在庫不足，人手不足といった供給制約が顕在化すると，産業転換の足枷となる。

加速する自動車産業の革命

　EV が自動車産業の中核的担い手となるには，高性能の電池・モーターが不可欠である。加えて，充電設備などの EV 向けインフラも整備する必要がある。さらに，自動運転を見据えた研究開発（R&D）にも取り組む必要がある。いずれも 1 社単独では成し遂げることができない技術課題である。国境をまたぐ企業間の協力体制が求められる。自動車は走行する高度なコンピュータに脱皮しようとしている。

　乗用車，商用車の電動化と自動化とが同時進行すると，自動車業界はもはや自動車企業の独壇場でなくなる。モーター，電池，IT が自動車業界の主役になれば，その関連企業は自動車生産を手がけることになるだろう。少なくとも関連企業は提携を模索し，自動車生産を意識するようになるだろう。これは

21世紀型産業変革が導く，自動車業界の大激変・大激動である。巨額投資が自動車業界の姿を変えていく。

　大企業が産業の大転換に適応できたとしても，中小零細企業には過酷な試練となる。中小零細企業は外部環境の激変に対応できるのか。中小零細企業にとっては非常に困難な課題である。賃金やコストの上昇，それに新規設備投資の重荷は中小零細企業の経営を極度に圧迫する。

IT巨人の解体は不可避なのか

　かつて財閥が解体されたように，巨大企業による独占・寡占に対する社会の視線は厳しい。戦略的な提携や資本提携が許容されたとしても，企業間の競争促進の観点から，M&A（合併・買収）を通じた巨大化は容認されない。SNS（交流サイト）のフェイスブックやインターネット通販大手のアマゾン・ドット・コム，それにアップル，アルファベット（グーグル）のような米国の巨人だけではない。

　IT・データ業界のみならず，金融，運輸，通信，医療など多岐にわたる業界が対象となる。利用者，働き手の目線が必要ということだろう。企業の巨大化という「規模の経済性」だけを追求するのではなく，21世紀の企業は社会的利益にも配慮する必要がある。21世紀産業社会の常識なのかもしれない。

　デジタル・トランスフォーメーション（DX）やグリーン・トランスフォーメーション（GX）なる難解な用語が飛び交うが，これらは単なる標語やキャッチフレーズの域にとどめてはなるまい。企業が真剣に，かつ本気で向き合う壮大な実験である。

　ITを浸透させるだけでは物足りない。それが人類に貢献する道筋を描かなくてはならない。脱炭素で経営を刷新するだけでは中途半端。地球環境に役立つビジョンやシナリオも求められる。

　今後，企業が自然淘汰されるのは赤字経営に陥ったことだけが原因になるのではない。「世のため，人のため」に役立っていない企業も淘汰の対象になるという覚悟が必要なのである。

３．国境炭素税と資源大国の命運

　気象現象の極端化が常態化してきた。気候変動の脅威を日常生活で実感できるようになった。国連の気候変動に関する政府間パネル（IPCC）は人間の活動が地球温暖化に悪影響を及ぼしていると断定，二酸化炭素（CO_2）の排出を実質ゼロにする必要性を指摘している。

　産業革命以降，人類は地球を痛めつけ過ぎた。気象現象の極端化は地球の悲鳴である。もはや先送りは許されない。美しい地球を取り戻すためにも人類が一丸となって，地球温暖化問題に本気で取り組まなくてはならない。そうでないと，地球の気温は上昇の一途をたどる。人類社会に及ぼす悪影響は甚大である。いわゆる ESG（環境・社会・企業統治）対策のためにも，国レベル，企業レベルの環境対応は喫緊の課題となっている。

国境炭素税で先陣を切る欧州

　環境問題の取り組みで先行する欧州諸国は，いわゆる「国境炭素税」の導入に踏み切る。国境炭素税とは環境負荷の大きい輸入品に課される関税のことである。燃料・エネルギー面から運輸部門の CO_2 の排出減を促進すべく，CO_2 排出に伴う炭素価格が上乗せされる。

　CO_2 に値段をつける「カーボンプライシング（CP）」の導入機運が高まる。炭素税はカーボンプライシングの一形態である。CO_2 を多く排出する企業がカネを支払って，減らした企業から排出枠を買い取る「排出量取引」もカーボンプライシングの代表例である。

　早速，世界を代表する大企業が独自に CO_2 排出量，すなわち「炭素排出量」に価格設定することに取り組み始めた。この「インターナル・カーボンプライシング（ICP）」では CO_2 排出１トンあたりの価格が設定される。この価格が高ければ，炭素排出に厳しいことを示唆する。投資の判断基準にも役立てることができる。

　企業自らが積極的に公表する局面を迎えた。豊かな緑に恵まれる国は開発途上国も含めて，この排出量取引市場に積極的に参入してくるだろう。

　CO_2 は地球温暖化ガスの代表選手。排出国王者は米国，中国，インド，ロシアである。概して，共産国家は公害問題を隠蔽し，長年放置してきた。米国の場合，担当政権によって環境問題への取り組みに温度差がある。単純化すると，民主党政権は環境問題に熱心な一方，共和党政権は問題意識が低い。気候変動問題を解決するには，世界各国が総力を結集して，温暖化ガス排出を抑制することが先決。地球規模の課題である。

　再生可能エネルギーを主力電源に押し上げるには，巨額のグリーン投資が不可欠である。エネルギー貯蔵設備，蓄電池が整備されないと，再生可能エネルギーを安定的に供給できない。ESGマネーを引きつけるための企業努力を怠ってはなるまい。資源エネルギー企業こそ「脱化石燃料依存」に取り組むべきである。水素，アンモニアなど投資対象は山のようにある。

　だが一方で，炭素価格が上昇すれば，比例的に燃料費は高騰，家計を圧迫する。そもそも炭素価格の算出はきわめて困難な作業となる。国際基準も必要だ。環境規制に厳格な欧州連合（EU）が国際標準となるのか。鉄鋼，アルミニウム，セメント，天然ガス，原油，石油製品，石炭などの関連産業には強い逆風が吹く。貿易摩擦が巻き起こる可能性も高い。精彩を欠く世界貿易機関（WTO）が主導的な指導力を発揮できるのか。

塗り替えられる産業地図

　ガソリン車やハイブリッド車からEVや燃料電池自動車（FCV）への大転換には産業変革を意識した覚悟が問われる。国境炭素税の導入と相まって，EV，FCVの普及は世界の産業地図を大胆に塗り替えていく。途方もない遥かなる長い道程となろう。

　産業地図の大変動は素材，原材料，資源エネルギーなど川下部門にも波及していく。この先，希少金属（レアメタル）をめぐる争奪戦が熾烈化するだろう。ことにバッテリー向けのレアメタル，たとえばリチウム，コバルトなどの需要

は急増するに違いない。ニッケルも合わせて，国際価格は急騰するだろう。他方，石炭，原油，天然ガスといった化石燃料の輸出，つまり資源マネーで潤ってきた資源大国はもはや行き場を失う。

産油国の命運

　国際原油価格カルテルの石油輸出国機構（OPEC）に加盟する産油国は窮地に追い込まれる。陸上，海底に眠る油田・天然ガス田は産油国にとっての貴重な資産。だが，この資産が一転，無用の長物と化す。原油や天然ガスの有効期限が残っている間に，産油国は一斉に開発・生産を急ぐだろう。OPEC 内部，あるいはペルシャ湾岸産油国で構成される湾岸協力会議（GCC）加盟国間で石油政策をめぐって対立，摩擦が生じ，OPEC や GCC は空中分解する可能性もある。

　株主や利害関係者（ステークホルダー）からの厳しい眼が光る国際石油資本（メジャー）は開発投資を抑制するだろう。中東だけでなく，世界に広がる産油国からメジャーは撤退するに違いない。米国は「シェール革命」を通じて原油生産量を飛躍的に伸ばしたけれども，今後，シェール関連企業は経営的に厳しい状況に追い込まれるだろう。短期的な観測はともかくも，長期的に見れば，原油や天然ガスの需給バランスが大きく崩れて，国際価格は大暴落するかもしれない。

　先進国を中心に今後，石炭，原油を排除する動きが加速する。21世紀産業に必要となる資源と荷物となる資源の極端な二極分化が進むことになれば，それは国際価格にも反映されることになる。

脱炭素社会の敗者ロシア

　欧州が国境炭素税を導入すると，その最大の敗者はロシアとなる。ロシアはソ連邦時代から陸上パイプラインで原油と天然ガスを輸出してきた。ドイツへはバルト海海底に敷設された天然ガスパイプラインの直送ルート（「ノルド・ストリーム」「ノルド・ストリーム2」）もある。年間の天然ガス輸送能力はいずれも

550億立方メートルで，ロシアの欧州向け天然ガス総輸出量の4分の1に匹敵する。ドイツとロシアとの経済関係は伝統的に強固である。

原油と天然ガスの輸出収入にロシアの国庫は極度に依存する。国境炭素税の導入でその国庫収入は減少を余儀なくされるだろう。ロシアの資源エネルギー産業界にも大打撃となる。

ロシア西部地域は北大西洋条約機構（NATO）に包囲されている。今後，ロシアは国境炭素税包囲網にも対処しなければならなくなる。ロシアの経済的，軍事的負担は増大する一方となる。

4．日本のエネルギー政策

迷走する日本の原子力政策

福島の原子力発電所で発生した大惨事は日本のみならず，世界を震撼させた。日本に先駆けて，ドイツ政府は原子力発電を主要電源から完全除外，天然ガス火力発電と再生可能エネルギーに集中する方針にエネルギー政策を大転換した。

その一方で，ロシアや中国は原子力研究を大きく前進させ，最新鋭原子炉への道を切り開いた。ところが，日本政府は原子力政策の明確な方向性を打ち出せていない。原子力発電所の建て替えを封印して，相も変わらず，老朽化した原子炉の再稼動に固執する。

そもそもエネルギー政策の枠組みや電源構成を中央政府が決定することは無意味である。気象条件など地域の特性に応じた，その地域に相応しいエネルギー政策を地方自治体が立案すべきである。

日本列島は南北に伸びる。その距離は実に3,000キロメートルに達する。北海道と沖縄のエネルギー政策を同列に論じることに意味はあるのか。この文脈において，日本政府が示す「エネルギー基本計画」は不可解である。単なる数字合わせでは机上の空論となる。

主要電源がクリアすべき要素

　「安定，安価，安全」―この3要素は主力エネルギー源を決める要諦となる。この条件すべてを満たす電源でないと持続可能でない。さらにここには環境への配慮という条件も加わる。これを念頭に置いて，原子力発電，火力発電，再生可能エネルギー，水素・アンモニアという主要電源を点検する必要がある。再生可能エネルギーについては，地域の気象条件も考慮しなければならない。

　気候変動への配慮を考えると，石炭火力，石油火力は極力，ゼロを目指すべきである。CO_2 ゼロのハードルは高いものの，液化天然ガス（LNG）の場合，環境への負荷は軽微である。LNG火力発電を軽視する計画は現実的でない。最新鋭の石炭火力発電は輸出向けに特化して，日本国内ではLNG火力発電を電源構成の主軸に据えるべきだろう。

　原子力発電については，老朽化した原子炉の再稼動に終止符を打ち，最新鋭原子炉の導入に重点を置くべきだろう。老朽化した原子炉は思い切って，廃炉にすべきである。廃炉には費用がかさむが，電力会社が安全を優先する方針を示せば，利害関係者から理解が得られるだろう。原子炉の再稼動に終始すると，日本の原子力研究は磨かれない。原子力に携わる人材も細る一方となる。世界に誇る最新鋭原子炉の開発，小型モジュール炉（SMR）の商用化を急ぐべきである。

再生可能エネルギーの潜在力

　賛否が両論な電源が再生可能エネルギー。再生可能エネルギーの場合，安全で環境配慮の面では適しているけれども，「安定，安価」という条件を満たせない。安定的に電力を供給するためには大型の蓄電池設備が欠かせない。冬の季節が長い北日本地域では太陽光発電は不向きである。

　アフリカのサハラ砂漠に太陽光パネルを敷き詰めて，大規模太陽光発電設備を設置し，地中海海底に送電線を敷設して，欧州諸国に電力を輸出するといった壮大なプロジェクトを実現させれば，有効，有益な結果を生み出せる。

　しかしながら，日本列島の場合，太陽光発電に適した地形，気象条件に乏し

い。敷き詰めた太陽光パネルに豪雨が降れば，行き場を失った雨水が大量に流れ込む。これは大規模災害を誘発する。環境の配慮を目指した太陽光パネルが仇となって，自然環境を破壊してしまう。これこそ本末転倒である。

　日本に適する再生可能エネルギーは水力発電と風力発電，それにバイオマスである。日本は降雨に恵まれる。それに，国土の7割は森林面積によって占められている。水力発電所の増設は日本の地形を考慮したとき，必然の選択肢となる。バイオマス発電も有効である。水力もバイオマスも「地産地消」型の発電設備となる。地域の特性に応じて，適宜，設置可能である。

　日本にとって最も有望な再生可能エネルギーは洋上風力発電である。言うまでもなく，日本列島は広大な海洋に囲まれる。洋上風力発電の本命とされる「浮体式」の大規模洋上風力発電設備は海上であれば，設置する場所は問われない。もちろん環境調査は必要条件となる。だが，洋上風力発電設備は北海道から沖縄に至るまで設置可能である。これまで大口需要家が関心を示さず，洋上風力発電の重要性，必要性は無視されてきた。今こそ，果敢に方針を転換し，洋上風力発電を積極的に誘致すべきである。

グリーン水素，グリーン・アンモニアへの道

　水素・アンモニアは燃焼してもCO_2を排出しない。電源の脱炭素化の有力な選択肢となる。アンモニアの場合，既存の輸送手段や貯蔵施設を活用できる。火力発電所を利用できるというメリットもある。アンモニアが水素に先行する公算は大きい。水素やアンモニアの普及を推し進めるためには，製造，輸送・貯蔵，販売のすべての段階を強化していく必要がある。その先頭を走る企業は岩谷産業である。

　また，「安価」という条件を満たすためには，コスト面や技術力など多くのハードルを乗り越える必要がある。大量の水素・アンモニアを確保するには，大規模な取り組みが不可欠なのである。

　水素・アンモニアが将来，きわめて有望な選択肢となることは否定できない。コストの削減は求められるが，洋上風力で水素を製造する取り組みは欠か

せない。洋上水素プラントの開発も急務である。これが日本で生み出せる「グリーン水素（再生可能エネルギー由来電力の水素）」となる。中東産油国の一角ですら「グリーン水素」の生産に投資している。中東地域は水素製造でコスト優位にある。

　脱炭素化への遅れは日本の世界的な信用，信頼を毀損する。脱炭素関連の産業競争力も強化されない。中央政府，地方自治体，民間企業，研究機関が総力を結集して脱炭素化を実現する必要がある。中央政府は有能な「司令塔」でなければならない。

5．自由世界による中国包囲網は奏功するか

　冷戦時代，日米欧を主軸とする自由世界は最大の仮想敵国・ソ連邦と対峙した。NATOはソ連邦を盟主とするワルシャワ条約機構による軍事攻撃に備えた。その対立構図は今もって崩れていない。問題はあるものの，NATOの守りは強固である。自由世界は一致団結して，ソ連邦圏への高度技術の流出を阻止した。これを支えたのはココム（COCOM，対共産圏輸出統制委員会）という国際機関だった。ただ，ココムは今，その役割を終え，解散している。
　米国はソ連邦と対立した中国を取り込みたかった。「敵の敵は味方」的な発想で中国との関係を正常化した。その後に日本も続いた。台湾と断交して北京に接近した。眼前に広がる米国と中国の正面衝突は，いわば，このときの外交的意思決定の副作用である。

ココムを復活させよ
　中国は経済的にも軍事的にも無視できない大国に成長した。広域経済圏構想「一帯一路」を打ち上げ，世界各国に触手を伸ばす。中国は人海戦術を駆使して，先進各国から先端技術を盗み出す窃盗大国でもある。この技術を基盤に牙を剥く。米領グアムを射程に入れる中距離弾道ミサイルの配備拡充を進める。

　欧州大陸ではNATOが集団安全保障として機能するが，アジアには集団安全保障の枠組みがない。中国共産党を敵視するワシントンは単独で仮想敵国・中国と睨み合う。ただ，米国にとって荷が重いミッションであることは否定できない。

　米国の負担を軽減すべく，ホワイトハウス（米大統領府）は自由世界全体による中国包囲網構築に精を出す。この包囲網にはサイバー分野も含まれる。逸早く東京が米国に全面協力する方針を打ち出した。英国，フランス，ドイツも中国の脅威を認識し始めた。NATOはロシアに加えて，中国も仮想敵国と位置づけるようになった。

　日本，米国，オーストラリア，インドの４カ国が協議する枠組み「Quad（クアッド）」は中国を念頭に置く。安全保障や経済を協議する戦略対話の受け皿となる。いずれの国も中国と対立する自由世界の一員である。

　「世界の薬局」とされるインドの絶対優位性は国民が若いことにある。少子高齢化とは無縁の大国である。理想的な人口ピラミッドを誇る。

　NATOの一角を占めるカナダは駐カナダ台北経済文化代表処を「台湾代表部」に格上げし，台湾の世界保健機関（WHO），国際民間航空機関（ICAO）など国際機関への参加を後押しする。他方，台湾はバルト３国のリトアニアに事実上の大使館となる，「駐リトアニア台湾代表処」を設置する。中米・カリブ諸国をめぐっても米中による神経質な外交戦略が繰り広げられている。さながらオセロゲームのようである。

　この際，新たな冷戦に備えて，ココムを復活させてはどうか。貿易・投資の自由化が重要な理念であることは間違いがないが，安全保障にも配慮する必要はある。自由世界の安全保障を毀損する貿易・投資は制限されて当然である。米中対立は中国共産党が消滅するまで，半永久的に続くだろう。日本としては米中対立を有効利用すべきである。ココムの復活で先端技術の対中国流出を断固として防がねばならない。

自由世界の本気度

　傍若無人の北京は香港に適用された「一国二制度」を一方的に反故にした。この暴挙が自由世界にとっての「目覚まし時計」となった。英国政府との国際約束を北京が破ったことで自由世界は一斉に身構えるようになった。北京が国際ルールを平気で無視する現実を自由世界は目の当たりにした。香港は名実ともに中国本土に飲み込まれてしまった。北京の支配を嫌う香港人は外国に脱出している。結果，香港の人口は減少に転じている。国際金融都市・香港と北京の世界的信用は完全に失墜した。

　新疆ウイグル自治区やチベット自治区での人権侵害にも自由世界は眼を光らせるようになった。欧米社会は人権問題に敏感である。東シナ海，南シナ海でも身勝手な軍事行動を続ける北京。北京の横暴に自由世界は怒り心頭に発している。

　その象徴的な行動が欧州諸国による艦船のアジア派遣である。英国は海軍の空母「クイーン・エリザベス」を中核とする空母打撃群をアジアに送り込んだ。フランスも攻撃艦とフリゲート艦，それに攻撃型原子力潜水艦をアジア海域で航行させた。合わせて，ドイツもフリゲート艦「バイエルン」を派遣した。いずれも大規模軍事演習を繰り返す。英国はまた，環太平洋経済連携協定（TPP）への加盟を目指す。欧州主要国はこぞってアジアシフト姿勢を鮮明にする。日本政府は本気でNATO加盟を実現すべきである。

急速に進む中国社会の老衰現象

　中国では猛烈な速さで少子高齢化が進行する。現役世代は不動産の高騰に直面，生活防衛にひた走る。「経済のへそくり」と形容される不動産の購入を諦め，出費を切り詰める生活を送る。若年層は「寝そべり族」を決め込み，現実逃避する。競争社会に疲れ果てた姿が浮き彫りになる。その一方で，人口構造の高齢化が進み，社会保障費は増える一方である。

　日本をはじめ，自由世界では政府が個人の生命と財産を守り抜く。だが，中国では個人が共産党を支える構図となっている。いわばベクトルが逆方向に作

用している。煎じ詰めれば，個人が共産党総書記の生命を死守しなければなら
ない。国民が総出で共産党社会を維持する社会構造が定着している。この意味
において中国国民は国家に協力することを強要される。

　本来，中国共産党は農民と労働者のために機能する存在である。にもかかわ
らず，その原理原則は地平線の彼方へと葬り去られてしまった。共産党員はホ
ワイトカラーが台頭，主流になりつつある。

　中国共産党にとって個人や企業は「部品」に過ぎない。個人の自由は制限さ
れ，監視社会が徹底される。企業活動にも共産党が「指導」する。巨大 IT 企
業にはありとあらゆる規制で締めつける。オンラインゲームに対しては「精神
的アヘン」だと決めつけ，規制の網を張りめぐらせる。小中学生向けの学習塾
まで規制で締め上げる。教育分野にまで統制の範囲は拡大している。

　民間企業の創意工夫は残酷にも否定され，共産党の魔の手が伸びる。極端な
教育方針で独裁者崇拝を洗脳する。中国社会を破壊した「文化大革命」を彷彿
させる。

　その一方，大規模国営企業は優遇され，延命される。「親方赤旗」を錦の御
旗に国営企業は M&A が駆使され，巨大化していく。市場の原理に沿った自
然淘汰はなく，赤字企業でも温存される。国営企業の予算制約はソフトだから
だ。過剰生産，過剰投資，過剰債務といった構造的な問題は一向に解決できな
い。かつてのソ連邦の国営企業と同様である。

　計画経済は必ずや失敗する。それは歴史が証明している。ここに例外はな
い。とは言え，中国共産党も世論を完全に無視することはできない。中国社会
が直面する諸悪の根源は住宅，不動産の急騰。不動産市場が中国経済の一端を
支える一方，投機は社会問題となっている。不動産バブルは膨張し，破裂寸前
である。

　確かに中国経済は大きく躍進した。しかしながら，中国共産党が経済に介入
する限り，一層の発展は困難である。少子高齢化の現実を踏まえると，中国経
済の老衰は必然の帰結である。

アジア諸国は一枚岩になれるか

　アジア・太平洋地域での懸念材料はアジア諸国の腰が定まらないことである。アジア各国にはそれぞれ，お家の事情があり，対中国姿勢にも温度差がある。

　朝鮮半島の韓国は北朝鮮対応で手が一杯である。北朝鮮が核兵器や長距離ミサイルの開発，増強路線を手放すことはないだろう。平壌は軍事強国こそが国家存続の切り札と位置づけている。朝鮮半島の非核化は決して実現することはない。ソウルには「自由で開かれたアジア・太平洋構想」に参画する余裕はない。そもそも韓国軍は陸軍が中核である。

　朝鮮半島は全体として「反日」である。韓国内では北朝鮮との向き合い方で保守系と革新系とに色分けされる。保守系が北朝鮮を敵視，米国との軍事関係を重要視する一方，革新系は対北朝鮮接近に血眼となる。だが，韓国社会が基本的に反日であることを日本国民は忘れてはならない。付言すると，ロシア，北朝鮮，中国が日本にとっての仮想敵国であることに些かの変化もない。

　韓国内で保守系と革新系とがつばぜり合いを演じる限り，国論は二分される。韓国主導による朝鮮半島の統一は不可能に近い。統一のコストを日本に押しつける魂胆だろうが，そうは問屋が卸さない。日本の納税者はコスト負担に猛反発するだろう。強引に統一を推し進めれば，韓国経済は崩壊する。

　北京は台湾を国際的孤立に追い込む戦略を描き，その実行を急ぐ。台湾が実質的に独立国家であることは誰もが認めるが，国際社会は建前上，「一つの中国」と表現する。

　北京による軍事的攻撃の最前線である台湾は自由世界の一員であるが，北京対応で精一杯である。北京はすでにサイバー攻撃，情報・分裂工作を講じ，台湾にハイブリッド戦争を仕かけている。台湾海峡は実質的に有事の局面に突入している。台湾有事は沖縄県・尖閣諸島有事と連続する。日本国民にとって台湾有事は他人事でないのである。

　台湾の存在を重要視する国家群は関係深化へと舵を切る。その先頭を走るワシントンは政府高官を台湾に派遣するだけでなく，武器の売却にも力を入れる。日本社会は台湾社会との絆を深める。北京が猛反対する国際機関への加盟

も含めて，台湾の国際社会への融合を推し進める。

　台湾をめぐって自由世界と北京政府との綱引きが熱を帯びてきた。ただ，台湾を国際的に孤立させるという北京の目論みは失敗するだろう。国際社会は台湾を必要としているからである。北京の思惑は傲慢に過ぎる。

　東南アジアに目を転じると，ベトナムやインドネシア，それにシンガポールは日米両国に協力的だが，フィリピンは「訪問軍地位協定（VFA）」の存続で米国との同盟関係を維持するものの，北京の顔色ばかりを見ている。

　ワシントンは西太平洋で軍部隊を分散させて，中国軍に対抗したい。そのためには中国全土を射程に入れるミサイル網の整備が欠かせない。アジア諸国からの積極的な協力がなければ，ワシントンの軍事戦略は完遂しない。

　反共共同体として産声を上げた東南アジア諸国連合（ASEAN）だが，ASEAN加盟国は増え，今や一枚岩でない。カンボジアやラオスなど親中国国家もASEANに存在する。メコン川流域は米中攻防の「ホットスポット」となっている。

　ミャンマーに樹立された軍事政権をめぐってもASEANは分裂する。北京は東南アジア地域から米国の影響力を排除することを目指す。米国，中国両国に挟まれたASEANは身動きが取れなくなっている。

　ミャンマーでは軍事政権が長期化するだろう。民主派の致命的なミスは国軍の経済的利権を温存したことにある。たとえ政治システムの民主化が進展しても，軍部が経済を支配する構図が続けば，社会全体の実質的な民主化は進まない。経済分野に民間が浸透して初めて，社会システムは健全化する。ミャンマー国内の民主派は軍部の経済利権にメスを入れなかった。独裁国家が抱く共通の問題点でもある。

　ASEANの弱体化を利用して，ワシントンは東南アジア諸国を中国抑止に協力的な国と非協力的な国とで使い分けている。中国に接近する国，具体的にはカンボジア，ラオス，ミャンマー，タイを切り捨て，ベトナム，シンガポール，フィリピンとの関係強化を図っている。ここにクアッドという要素を取り入れて，軍事戦略を構築する。ただ，ワシントンの対東南アジア経済戦略が欠

落していることには留意したい。

　国連海洋法条約に基づくオランダ・ハーグ仲裁裁判所は，中国が主張する南シナ海での領有権を否定する判決を下した。ところが，厚顔無恥の北京は判決内容を紙屑だと一蹴。反省するどころか，南太平洋の小国に秋波を送る。

ロシアとの軍縮交渉を急ぎたいワシントン

　ホワイトハウスは中国との対峙に集中すべく，ロシアとの対立トーンを下げておきたい。本来，米露関係は脆弱である。米露の経済関係は補完的でないことから希薄である。政治の現場の交流もない。米露両国が唯一，向き合えるテーマは軍縮のみ。そこでワシントンは軍縮を主要議題とする米露戦略対話を設定，交渉の場とする。

　米露両国は新戦略兵器削減条約（新START）を延長し，決裂を回避した。新STARTは戦略核弾頭，大陸間弾道ミサイル（ICBM），潜水艦発射弾道ミサイル（SLBM），戦略爆撃機の配備数を制限する。米露戦略対話では制限の対象拡大が焦点になる。

　北京は頑なに拒むが，ホワイトハウスは米露軍縮交渉の場に中国を巻き込みたい。本音では中国の軍事的脅威を警戒するモスクワも賛同するだろう。多国間交渉のステージとする構想もある。

　ワシントンはロシア，中国と同時に対決する構図を避けたい。二正面作戦はあまりにもリスクが高い。最低限の意思疎通でロシアとの正面衝突を回避したいのである。願わくは進む中露大接近に楔を打ち込みたい。

　米露の関係改善が進めば，北方領土の早期返還に追い風となるのか。米露接近と日本が抱える領土問題とは別次元の問題である。ロシアの政界で世代交代が進めば，北方領土問題の解決に追い風となるのか。たとえロシアで世代交代が進んでも，ロシアはロシア，ロシア人はロシア人である。領土問題に展望が開けると判断するのは早計である。

　北方領土をロシア当局が日本に返還することは絶対にない。断言できる。東京は甘い幻想を捨て去ることである。

　ホワイトハウスの世界戦略は，冷戦時代，ワシントンが中国を囲い込み，ソ連邦と対抗した外交戦略に酷似する。ワシントンは中国共産党，中国人民解放軍との全面衝突に備えておきたい。アフガニスタンからの完全撤兵はこの戦略の延長線上にある。

6．米軍完全撤退の副反応：アフガニスタン

　米軍の撤収を背景に，アフガニスタンではイスラム主義組織タリバン（「神学生」の意）が支配地域を急拡大，政権奪還を狙う。人口4,000万人のアフガニスタンでは早晩，タリバンが政権を奪取することになるだろう。時間の問題となった。そして，アフガニスタンはイスラム過激派の拠点，温床となるに違いない。アフガニスタンは麻薬の生産拠点でもある。

　すでに過激派組織「イスラム国」（IS）や国際テロ組織アルカイダはアフガニスタンに潜んでいる。アフガニスタンから流れ出た難民や過激派の流入で，アフガニスタンの周辺国も巻き込んで，地域の情勢は急速に流動化，悪化していくだろう。

住民が震えるタリバンの恐怖政治

　厳格なイスラム法（シャリア）を掲げるタリバンの統治手法は「恐怖政治」である。アフガニスタン国民は完全に自由を奪われる。アフガニスタンはトルクメニスタン，ウズベキスタン，タジキスタン，中国，パキスタン，イランと国境を接する内陸国である。迫害を恐れて，タリバン支配から逃れようと，すでに多くの国民が国外に脱出する。

　周辺国はもちろんのこと，トルコや欧州諸国を目指す動きもある。タジキスタンはアフガニスタン難民を受け入れる意向だが，難民受け入れに難色を示す国が大半を占める。トルコにはシリア難民が溢れ，アフガニスタン難民を受け入れる余力はない。

　米国を含む北米地域では原油資源を自給自足できている。米国にとって中東

産油国を防衛する経済的メリットは皆無である。「テロとの戦い」にも終止符が打たれた。米軍がアフガニスタンや中東地域に駐留する大義はもはや喪失している。米軍はこの地域にもう戻ってこない。

　この空白を埋める能力をモスクワや北京は備えているのか。米軍の存在を非難してきたロシア，中国だが，米軍の撤収で焦燥感を深めているのは，他でもないロシア，中国両国である。タリバンの統治スタイルを前近代的だと嘲笑するロシアだが，最後に笑うのはタリバンか，ロシアか。誰にもわからない。

アフガニスタン介入に潜むリスク

　ソ連邦崩壊の原因は軍拡にある。むやみにアフガニスタンに軍事介入したことがソ連邦の空中分解につながった。モスクワにとってアフガニスタンは「鬼門」である。イスラム過激派の流入を阻止すべく，ロシアはタジキスタン，ウズベキスタンと合同軍事演習を実施している。

　新疆ウイグル自治区では習近平国家主席を標的とする暗殺未遂事件が起こった経緯がある。これを契機に中国政府はウイグル族抑圧政策を徹底するようになった。北京はイスラム過激派を極度に警戒する。中国政府がパキスタンで進めるインフラ建設をタリバンが妨害した経緯もある。中国人を襲撃する事件が多発している。

　モスクワにも北京にも過激思想に対するトラウマ（心的外傷）が潜む。米国に対抗するために，タリバンは戦略的に中露両国に接近する。だが，それは打算に基づく接近で，中露を素直に受け入れることを意味しない。中露のタリバン介入は危険な賭けとなる。

7．緊迫続く中東世界

　中東の盟主と言えば，かつてはエジプトだった。だが現在，エジプトの地位は落ち，代わってイスラエル，トルコ，イランが台頭する。中東地域から米軍が徐々に撤退する局面を迎えて，ロシア，中国は虎視眈々と影響力拡大を狙う。

だが，地殻変動する中東世界に安易に関与することには大きなリスクを伴う。

内憂外患のイラン

　イランではイスラム革命防衛隊が経済利権を牛耳っている。政治の頂点に君臨する人物は大統領でなく，イスラム教シーア派の最高指導者。革命防衛隊は最高指導者に直結する。この政治経済システムは揺らぐことがない。大統領選挙は実施されるが，そこに実質的な民主的価値はない。政治儀式に過ぎない。

　確かにイランでも世代交代は進む。イスラム革命（1979年）を知らない世代は確実に膨らむ。革命当時の熱気はもはや皆無。だが，革命防衛隊や国軍，それに宗教警察が政権中枢に反旗を翻さない限り，「体制転換」は不可能である。ただ，政治の中枢部が変化する若年層とどのように向き合うのかは現実の課題である。イランは内政で対処困難な課題を抱え込んでいる。

　イランは今，対外的にはシーア派を「キーワード」として，隣国のイラク政府，イエメンの反体制武装勢力フーシ，シリア政府，レバノンの武装組織ヒズボラなどに強烈な影響力を行使する。イスラエルに対抗する関係上，パレスチナのイスラム原理主義組織ハマスにも関与する。サウジアラビアとはイエメンを舞台に「代理戦争」を演じる。テヘランは中東地域で絶大なプレゼンスを誇示する。

　ロシアはイランに原子炉や武器・兵器を売り込む。中国はエネルギー産業部門に進出する。米国の姿がないイランでは中露両国が自由に動き回れる。その一方で，イラン国内では産業育成は遅れ，国際的孤立も深まっている。イランが転換点を迎えていることは事実である。

自己主張するトルコとイスラエル

　トルコの政治的，軍事的な影響力拡大も凄まじい。西は北アフリカのリビアから，東はコーカサス（カフカス）地方，中央アジア地域に至るまで実に広範囲に及ぶ。渦中のアフガニスタンでもプレゼンス増強を狙う。まさしくオスマントルコ帝国の版図を彷彿させる。

　イスラエルが胸を張る分野は何よりも卓越した軍事力である。まさに「実戦」で磨いた軍事力に加えて，ハイテクノロジーも軍事分野に浸透する。否，逆に軍事部門の技術が民間のハイテク開発に貢献している。軍部と民間が共振しつつ，イスラエル全体の技術力が強化されている。

　このイスラエルの技術力に世界が群がる。米国はイスラエルの同盟国である。ロシアからは有能な人材がイスラエルに吸収されていく。中国はイスラエルのハイテク企業に触手を伸ばす。日本企業も提携締結を進める。この技術力を中核にイスラエルは中東各国とも技術提携を結ぶ。いわば技術が国家間の関係改善を促す。

　イスラエルは対立してきた，アラブ首長国連邦（UAE）やバーレーンといったアラブ諸国と矢継ぎ早に外交関係を回復させている。外交関係が正常化した国とは技術移転だけでなく，人の往来も進む。

　イスラエル，トルコ，イランによる中東世界での主導権争いが地域不安定化の主因となる。イスラエルとパレスチナの対立ばかりに眼を奪われていると，中東の現実は理解できない。中東世界に広がる光景は複雑怪奇なのである。

イラン・イスラエル全面戦争

　イスラエルが核兵器を放棄しない限り，イランは核開発を進める。北朝鮮が核兵器を保有する時代に，イランが核兵器の保有に動いても決して不思議でない。永遠のライバル・イスラエルに対抗するには核開発を断念するという選択肢はテヘランにはない。必ずや目的を達成するだろう。

　だが，イスラエルが黙って見ているはずはない。得意とするサイバー攻撃，ピンポイント軍事行動を駆使して，イランを攻撃するだろう。攻撃されたイランは必ずや反撃するだろう。中東地域で差し迫る危機とは「イラン・イスラエル全面戦争」である。

　このイラン・イスラエル戦争は当事国間の戦争にとどまらない。シーア派勢力は総力を挙げて参戦，イスラエルに猛攻撃を仕かけるだろう。トルコもここに加わるに違いない。米国，ロシア，中国は武器・兵器の売り込みに血眼とな

るだろう。中東地域は一気に血の色に染められていく。

8. プーチン皇帝の世界戦略

　不安要因はあるものの，プーチン体制は揺らぎがない。経済利権はプーチン大統領とそのインナーサークルに集中する。庶民に果実は行き渡らない。貧富の差は拡大する一方である。庶民の生活は困窮をきわめる。高齢者は政権を支持する一方，若年層は不満を募らせる。若年層は欧米の豊かな生活に憧れる。それでも軍事クーデターが起こらない限り，政権転覆は不可能である。SNS民主主義にはカリスマ指導者がいない。SNSの場では真の民主主義は育たない。

　プーチン体制の終焉とは皇帝プーチンが逝去する時なのか。帝政ロシア，ソ連邦，新生ロシアの時代を通じて，ロシアで民主主義が定着した瞬間はない。民主政治の手法を知らない国民である。それゆえにロシアでは民主主義の萌芽と試行錯誤は今後の課題となっている。果たしてロシアで民主主義は可能なのか。世代交代が進むまでロシアの民主化は遠い。

　強権であるがゆえに，外交戦略も自ずと強硬となる。モスクワは北京が描くような世界制覇構想を持ち合わせていないけれども，外交戦略では基本的に膨張主義が貫徹される。経済力は脆弱なものの，ロシアが核兵器の超大国であることを疑う者はいない。

　膨張政策の第一段階がソ連邦の復活である。ソ連邦はロシアを主軸にバルト3国，ベラルーシ，ウクライナ，中央アジア諸国などから構成された。ウクライナ領クリミア半島併合を皮切りに，クレムリン（ロシア大統領府）は次の一手を探る。それはウクライナ東部地域であり，ベラルーシである。ベラルーシはロシアに統合され，ルカシェンコ大統領はロシアに亡命することだろう。

　クリミア半島をめぐるウクライナとロシアの対立は終結していない。今もって，進行中である。クリミア半島北部には「北クリミア運河」が東西に走る[1]。この運河はクリミア半島に居住する住民に新鮮な水資源を供給する生命線となっている。水源はウクライナ本土にあるので，ウクライナ政府が生命線の源

流を握っている。モスクワとの外交交渉でキエフにとって有力な切り札となるのである。

　膨張政策の第二弾はロシア軍の長期外国駐留である。その標的はシリアであり，リビアである。黒海封鎖というカードをちらつかせながら，地中海での影響力拡大を狙うだろう。中東とコーカサスではトルコと利権を争うだろう。石油政策に関してはサウジアラビアが交渉相手となる。米国牽制にはイランを利用できる。中東地域にはロシアと利害が絡み合う国が散らばっている。ロシアにとってきわめて重要な地域である。

　中露関係は複雑である。利害が一致する分野もあれば，一致しない分野もある。確かに対米牽制では共闘するだろう。米国の軍事力にも露骨に対抗するだろう。しかしながら，中露両国は互いに「利用の論理」で結ばれているだけで，一枚岩でない。典型的な同床異夢と言えよう。

　クレムリンから見ると，東京の重要度は低い。経済関係は補完的だが，希薄である。日本企業にとってロシア市場は魅力的でない。日本が日米安全保障条約を維持する限り，ロシアにとって日本は敵国となる。ロシアに配備された核ミサイルは日本を標的としている。日本にとってもロシアは敵国である。不凍港を有する北方四島はモスクワにとって貴重な資産。決して手放すことはない。日本側が熱心に共同経済活動を積み上げても，徒労に終わる。

　皇帝プーチンにとって当面の課題は，イスラム過激派との闘いとなる。ロシア国内への侵入をいかにして阻止するか。この課題に注力することになろう。ロシアは臆病な国である。ゆえに防衛力を強化する。ロシアは異質な国である。国際社会に融合することはない。親友もいない。独自路線をひたすら歩む。この独自性が自由世界との軋轢を生む。ポスト・プーチンになってもロシアの本質は変わらない。日本はロシアとの向き合い方を再考すべきである。

【注】

1）*Financial Times*, July 30, 2021.

索　引

《著者紹介》

中津孝司（なかつ・こうじ）

1961年大阪府生まれ。大阪商業大学総合経営学部教授。

経済学博士（大阪学院大学）。

1989年神戸大学大学院経済学研究科博士後期課程単位取得。大学での講義，執筆活動のほかに，テレビ，ラジオに出演，各地で講演も多数行っている。主要著書に『ロスネフチの逆襲』，『プーチン降板』，『日本株式投資入門』，『世界市場新開拓』，『資源危機サバイバル』，『日本のエネルギー戦略』，『ロシア世界を読む』，『エネルギー資源争奪戦の深層』，『ロシアマネー日本上陸』いずれも小社刊，『クレムリンのエネルギー資源戦略』（同文館），『ガスプロムが東電を買収する日』（ビジネス社）など80冊以上。

（検印省略）

2021年9月10日　初版発行　　　　　　　　略称―皇帝プーチン

皇帝プーチン　最後の野望

著　者　中　津　孝　司
発行者　塚　田　尚　寛

発行所　東京都文京区　**株式会社　創 成 社**
　　　　春日2-13-1

　　　　電　話　03（3868）3867　　ＦＡＸ　03（5802）6802
　　　　出版部　03（3868）3857　　ＦＡＸ　03（5802）6801
　　　　http://www.books-sosei.com　振　替　00150-9-191261

定価はカバーに表示してあります。

組版：スリーエス　印刷・製本：鶴

落丁・乱丁本はお取り替えいたします。

━━━━━━━━━━━━━━ 経 済 学 選 書 ━━━━━━━━━━━━━━

皇帝プーチン　最後の野望	中 津 孝 司	著	2,200 円
21世紀国際関係の新構図	中 津 孝 司	編著	3,000 円
世 界 貿 易 の ネ ッ ト ワ ー ク	国際連盟経済情報局 佐 藤 　 純	著 訳	2,500 円
みんなが知りたいアメリカ経済	田 端 克 至	著	2,600 円
自動車産業のパラダイムシフトと地域	折 橋 伸 哉	編著	3,000 円
「復興のエンジン」としての観光 ─「自然災害に強い観光地」とは─	室 崎 益 輝 橋 本 俊 哉	監修・著 編著	2,000 円
テ キ ス ト ブ ッ ク 租 税 論	篠 原 正 博	編著	3,200 円
テ キ ス ト ブ ッ ク 地 方 財 政	篠 原 正 博 大 澤 俊 一 山 下 耕 治	編著	2,500 円
財 　 　 政 　 　 学	望 月 正 光 篠 原 正 博 栗 林 隆 半 谷 俊 彦	編著	3,100 円
復興から学ぶ市民参加型のまちづくりⅡ ─ソーシャルビジネスと地域コミュニティ─	風 見 正 三 佐 々 木 秀 之	編著	1,600 円
復興から学ぶ市民参加型のまちづくり ─ 中 間 支 援 と ネ ッ ト ワ ー キ ン グ ─	風 見 正 三 佐 々 木 秀 之	編著	2,000 円
福 　 祉 　 の 　 総 　 合 　 政 　 策	駒 村 康 平	編著	3,200 円
環 境 経 済 学 入 門 講 義	浜 本 光 紹	著	1,900 円
マ ク ロ 経 済 分 析 ─ ケ イ ン ズ の 経 済 学 ─	佐 々 木 浩 二	著	1,900 円
入 　 門 　 経 　 済 　 学	飯 田 幸 裕 岩 田 幸 訓	著	1,700 円
マクロ経済学のエッセンス	大 野 裕 之	著	2,000 円
国際経済学の基礎「100項目」	多 和 田 　 眞 近 藤 健 児	編著	2,500 円
ファーストステップ経済数学	近 藤 健 児	著	1,600 円

(本体価格)

━━━━━━━━━━━━━━ 創 成 社 ━━━━━━━━━━━━━━